# AMAZÔNIA, 20º ANDAR

# Guilherme Fiuza

# AMAZÔNIA, 20º ANDAR

De Ipanema ao topo do mundo,
uma jornada na trilha de Chico Mendes

EDITORA RECORD
RIO DE JANEIRO • SÃO PAULO

2008

CIP-Brasil. Catalogação-na-fonte
Sindicato Nacional dos Editores de Livros, RJ.

Fiuza, Guilherme, 1965-

F585a Amazônia, 20° andar: de Ipanema ao topo do
mundo, uma jornada na trilha de Chico Mendes /
Guilherme Fiuza. – Rio de Janeiro: Record, 2008

ISBN 978-85-01-07991-6

1. Mendes, Chico, 1944-1988. 2. Saldanha, Bia.
3. Fortes, João Augusto. 4. Desmatamento –
Amazônia. 5. Florestas – Conservação – Amazônia.
6. Florestas tropicais – Amazônia. 7. Reportagens e
repórteres. I. Título.

       CDD – 869.93
08-4618      CDU – 821.134.3(81)-3

Projeto de capa e encarte: Gisela Fiuza/GF Design

Direitos exclusivos desta edição reservados pela
EDITORA RECORD LTDA.
Rua Argentina 171 – Rio de Janeiro, RJ – 20921-380 – Tel.: 2585-2000

Impresso no Brasil

ISBN 978-85-01-07991-6

PEDIDOS PELO REEMBOLSO POSTAL
Caixa Postal 23.052
Rio de Janeiro, RJ – 20922-970

EDITORA AFILIADA

ao Pedro

# Sumário

# NOTA DO AUTOR

Andar pela Amazônia é sempre um festival de descobertas. Mas depois de uma razoável quilometragem por rios e matas da região, fui encontrar a melhor história da floresta tropical no Rio de Janeiro.

Quer dizer: uma história que leva o Rio de Janeiro para a Amazônia, e a Amazônia para Nova York e Paris.

O que leva uma estilista e um empresário confortavelmente instalados na cidade a apostarem seu futuro, sua pele, enfim, suas vidas no Acre? De Bia Saldanha e João Augusto Fortes, os protagonistas desta história real, pode-se dizer tanto que ganharam tudo, quanto que perderam tudo.

Os dois estiveram com Chico Mendes numa passeata na orla carioca, um mês antes do assassinato dele. A partir daí, sonharam unir-se a índios e seringueiros para criar na floresta um produto sofisticado que encantasse o mundo. O sonho tinha toques de megalomania. E foi posto em prática.

Para o repórter, interessou a Amazônia real que surge por trás do mito romântico, revelada pelo olhar urbano de Bia e João. Um choque de fascínio e estranheza. O mais fascinante e estranho, no entanto, é o que acontece com as pessoas comuns no cenário gigante da floresta. Um lugar pouco recomendável para quem não quiser conhecer seu lado avesso.

Os fatos narrados nas páginas que se seguem são verídicos. Foram apurados em cerca de 70 horas de entrevistas gravadas no Rio de Janeiro e no Acre, com variados personagens dessa história, além de anotações de campo e pesquisa documental.

Boa viagem. Não esqueça o filtro solar.

# BARRADO EM IPANEMA

O homem baixo, gorducho e com jeito caipira já estava se acostumando com a cidade grande, mas pela primeira vez chegou do mato sem alegria nos olhos. Embora fosse um líder severo, comandante de batalhas duras no faroeste verde do Brasil, de perto transbordava doçura. Riso fácil, tiradas sacanas, nenhuma auto-referência ao papel de líder. Tinha algo de moleque. Ou de santo.

Chico Mendes chegava dessa vez ao Rio de Janeiro sem alegria nos olhos porque já sabia que ia morrer. "Não duro até o Natal", foi logo dizendo, com sua franqueza rude, a um de seus anfitriões, o empresário João Augusto Fortes. Era dia 9 de dezembro de 1988, portanto sua expectativa de vida — no auge de sua vitalidade — era a de um doente terminal.

João Augusto estava entre uma meia dúzia de abnegados que tinham cismado de tentar fazer o Brasil conhecer Chico Mendes. No ramo da construção civil, João se especializara em urbanismo — quase um paradoxo, como um dono de açougue que vendesse moderador de apetite. Do urbanismo foi se metendo com ar, gente, árvore. Acabou interessado em contribuir com campanhas políticas que encampassem a então novíssima causa da ecologia.

Voltando de uma viagem ao Acre, a atriz Lucélia Santos e o jornalista Alfredo Sirkis vieram com a dica inusitada: em vez de dar dinheiro para candidatos, o empresário poderia bancar a vinda de um seringueiro ao Rio. Era um sujeito diferente, que botava dezenas de famílias na frente das árvores para "empatar" a ação das motosserras. Um Mahatma Gandhi amazônico.

A idéia foi comprada imediatamente. João passou não só a financiar viagens de Chico Mendes a Rio e São Paulo como a circular com ele entre gente influente, passando adiante sua mensagem exótica: o arcaico povo seringueiro era a saída mais moderna para a proteção da Amazônia. O empresário acreditava na causa, mas acreditava sobretudo em Chico. Nunca vira alguém tão focado em sua missão, e ao mesmo tempo tão suave na vida, tão radiante, tão capaz de se divertir com tudo.

Um homem que vinha de um front onde a vida podia valer menos que uma tora de mogno, e parecia estar sempre chegando de um retiro espiritual. Personagem de um mundo pesado, Chico era leve. Só falava de si se perguntado. Especialista em gente, João não teve dúvida: estava diante de um ser raro. Possivelmente um missionário. Não como um daqueles despachantes de dogmas que proliferam nos livros de história. Um missionário de verdade.

Numa dessas viagens ao Rio, em 20 de novembro de 1988, Chico Mendes chegou para uma manifestação pública. Não seria mais uma passeata no Centro da cidade, das que tradicionalmente cruzavam a Avenida Rio Branco entre a Igreja da Candelária e a Cinelândia. Entre os organizadores, havia uma banda criativa da elite carioca interessada em borrifar um pouco de estética na política.

Dois anos antes, tinham inventado de propor um cordão humano em torno da Lagoa Rodrigo de Freitas, em apoio à candidatura do jornalista Fernando Gabeira a governador. A idéia era megalomaníaca e fadada à inviabilidade, até o momento em que o abraço surrealista se concretizou, com milhares de mãos dadas em torno do poluído cartão-postal. Para essa turma, não fazia sentido levar o líder florestal para a zona cinza da cidade. Nada de parar o trânsito e respirar fumaça. Já bastava a das queimadas. Caminhariam tranqüilos pela orla, olhando a paisagem, sem atrapalhar o ir-e-vir de ninguém. Biquínis e sungas não quebrariam a seriedade do protesto, nem o seu bom andamento. Só faltou combinar isso com eles.

Em dia de pistas fechadas ao trânsito, a única fumaça viria de uma tocha. Chico Mendes a receberia no trajeto através de Jardim Botânico, Leblon, Ipanema, Copacabana e Botafogo, e a levaria como um atleta olímpico até o monumento a Estácio de Sá, no Aterro do Flamengo. Ali, em vez de uma pira para receber o fogo, haveria uma pia para apagá-lo. Era o recado estético contra a queima das florestas.

O dia da manifestação amanheceu ensolarado, impecável, e o ato começou com um grupo de alpinistas escalando o Pão de Açúcar. Se o vento não atrapalhasse, eles pregariam no costão do morro uma faixa gigantesca, em que cada letra do slogan "Salve a Amazônia" tinha o tamanho de um prédio de quatro andares. Era um belo esforço de João Augusto e seus aliados para tirar Chico Mendes do anonimato, mas o alto astral estava amarrado numa bola de ferro.

Estava ficando cada vez mais claro que as idas do líder seringueiro ao Centro-Sul do país, com toda sua estratégia de alerta, poderiam ser só pequenas fugas da sua via-crúcis amazônica. Era preciso dar-lhe uma proteção mais concreta, e João sabia disso.

O encarregado de acender a tocha era o sociólogo Herbert de Souza, o Betinho, futuro idealizador da Ação da Cidadania, a famosa Campanha contra a Fome. Nascia ali uma aliança sui generis. Exilado durante a ditadura militar, Betinho encarnava a crítica ao autoritarismo e ao grande capital. Era símbolo da esquerda pura. João Augusto era filho de militar e dono de uma das construtoras que mais cresceram no período autoritário, portanto identificado pela esquerda como "do sistema". Os dois acabariam fazendo uma ponte rara entre o mundo do ativismo social e o do dinheiro e da influência.

Betinho apenas deu a partida ao ato. Sua fragilidade física, como hemofílico portador de Aids, não lhe permitia acompanhar os demais. Muitos outros abandonariam a marcha pelo meio, dada a enorme extensão do percurso — uma maratona, perto das passeatas na Rio Branco. Entre os que resistiriam até o fim havia outra pessoa muito importante para João. Mas ele não sabia disso, nem ela, nem sequer se cruzaram aquele dia. Também era empresária, mas estava querendo deixar de ser. Andaram quilômetros quase lado a lado, sem se olhar nem pressentir que estavam prestes a mudar o destino um do outro.

Na verdade, não andaram. Bia Saldanha estava de bicicleta. Vinha acompanhada do filho único, que se equilibrava em sua própria bicicleta sem rodinhas e, aos 4 anos, pedalava na velocidade de um garoto de 10. A casa do menino estivera cheia na véspera até a madrugada. A mãe recebera um grande grupo de amigos para preparar adereços que simulariam uma floresta tropical na orla do Rio. Todos beberam e riram até altas horas, mas o que os excitava e adiava o sono aquela noite era a perspectiva concreta de salvar a Amazônia. Acreditavam mesmo que estavam fazendo isso.

Recém-separada de seu primeiro marido, Bia estava, aos 25 anos, prestes a se separar também de seu primeiro negócio.

Tinha uma butique em Ipanema de roupas leves e coloridas que vestiam a nata do *beautiful people* praiano. O sucesso precoce como empresária de moda não lhe subira à cabeça. Ao contrário, queria a cabeça livre para outras coisas, não sabia precisamente o quê.

Se perguntassem, dizia que queria ser militante. Corria o sério risco de não ser levada a sério, mas não seria novidade. Já passara por isso quando dissera, aos 18 anos, que queria ser empresária. Os que a conheciam de perto preferiam não duvidar mais.

Vestir jovens beldades cariocas não tinha mais graça. O que a seduzia agora era vestir os defensores da floresta, de preferência o próprio Chico Mendes. Bia vinha se aproximando do embrião do Partido Verde, que Gabeira tentava estruturar no Brasil. Uma das campanhas para oficializar o PV seria a produção de camisetas com o slogan "Legalize" — importado do refrão "Legalize marijuana", cantado por Bob Marley —, com o duplo sentido de legalização da maconha e do partido.

O designer Jair de Souza criou a marca e Bia produziu a camiseta. Era uma peça sofisticada, com oito cores, de difícil aplicação e custo alto. Ou seja: ficou linda, mas inútil para legalizar o partido. Estética 1 x 0 política.

Mesmo assim, um número limitado de camisetas "Legalize" foi produzido, e a certa altura alguém teve a idéia de enfiar uma em Chico Mendes. Um seringueiro que estava ali para defender seu povo sofrido não ficaria à vontade vestindo um slogan pró-drogas. Mas Chico ficou. Disse que o PV era uma boa causa e foi em frente. O caipira era, na verdade, um cosmopolita. Agora vestido pela empresária-militante Bia Saldanha.

Ao cruzar a divisa entre Leblon e Ipanema, a passeata estava em seu momento mais robusto. Já colhera boas adesões e as desistências ainda não tinham começado. Repórteres, fotógrafos e cinegrafistas foram se juntando ao grupo, que não gritava palavras de ordem e tinha sérios problemas de coesão (se fosse uma escola de samba seria um desastre), mas ao menos já se distinguia do simples passeio dominical. Nem os jornalistas, nem os passantes sabiam direito quem eram aquelas pessoas, mas os primeiros ainda pareciam receptivos à coisa. Os outros, nem tanto.

E chegou a hora em que a turma da sunga e do biquíni veio tirar satisfações. Os mais encrespados estavam, a rigor, de bermudões e chinelos, já não eram jovens e faziam o tipo síndico-xerife. Foram direto para cima do carregador da tocha, sabendo que assim barrariam a marcha.

Quem estava com o fogo simbólico naquele momento era o jornalista e ex-guerrilheiro Alfredo Sirkis, recém-eleito vereador. Ao lado dele estava o caipira baixote gorducho, de bigode cafona, que também parou de caminhar. Mas ninguém nem falou com ele. Estava claro que o louro alto de voz trovejante e tocha na mão era o líder.

O grupo de moradores contrariados foi claro: a passeata estava tumultuando a área de lazer dominical e, para piorar, alguns carros da imprensa tinham entrado na pista fechada da Vieira Souto. A manifestação não poderia prosseguir, anunciaram.

Sirkis reagiu indignado, afirmando que ali estava em jogo uma causa importante para o Brasil e que os moradores eram uns alienados. A cada argumento de parte a parte, a possibilidade de entendimento diminuía.

Enquanto na Amazônia avançavam o fogo e a conspiração para assassinar Chico Mendes, ele permanecia refém do bate-boca praiano, espremido entre o vereador e o síndico. Anônimo, barrado em Ipanema.

■ ■ ■

Para o Brasil urbano, ainda não fazia sentido aquele papo de seringueiro. Chico Mendes não dava samba, nem notícia. A preocupação com a devastação da Amazônia existia, mas era difusa. A maior floresta tropical do mundo era um símbolo para os brasileiros, mas continha sensações misturadas de orgulho e de atraso. Era a região remota dos índios e onças, do rio-mar e seus superlativos enciclopédicos, das reportagens de Amaral Netto sobre a pororoca, da natureza mítica e indomável.

Aos olhos do Sudeste, o personagem de Chico Mendes não se encaixava nesse cenário bíblico. Parecia só um camponês metido numa briga por terra.

João Augusto e seus parceiros tentavam cavar matérias de jornal sobre o "empate" dos seringueiros do Acre, sem sucesso. Não havia sequer dados sistematizados sobre a taxa global de desmatamento da Amazônia, e não seria uma briga de vizinhos de seringal que ia dar manchete. Mas, se a profecia macabra do líder seringueiro estivesse certa, não daria para esperar pela sensibilidade dos editores.

O empresário não teve dúvidas: Chico Mendes não poderia voltar para o Acre. Era preciso escondê-lo no Rio até que conseguissem algum controle sobre a situação.

O vento não atrapalhou e a faixa de 50 metros de altura vestiu o Pão de Açúcar com o grito pela floresta. A faixa era de juta da cor da pedra, de modo que as imensas letras brancas pareciam levitar sobre o costão. A estética mais uma vez dava uma mão à política, atraindo as TVs e os jornais para a propagação de uma mensagem meio sumária, meio telegráfica — mas, de qualquer forma, uma mensagem.

Lá embaixo a passeata desenguiçou. Não que o síndico e o vereador tivessem se entendido. O deputado estadual Carlos Minc, um dos líderes da manifestação, até conseguira baixar a temperatura do bate-boca. Mas quem resolveu a parada foi o caipira anônimo. Vendo que a discussão ia longe, Chico Mendes simplesmente pegou a tocha da mão de Sirkis e saiu andando em frente, sozinho, sem olhar para trás. Foi um ato tão singelo, silencioso e firme que ninguém teve o impulso de tentar detê-lo.

Quando os contendores assimilaram a cena, Chico já ia longe, passo firme, decidido a apagar o fogo simbólico da destruição. A passeata não teve alternativa senão recompor-se atrás dele.

O *Fantástico* mostrou a montanha pedindo a salvação da floresta, e a cerimônia de afogamento da tocha. Mas Chico Mendes continuou anônimo e a temperatura da sua fornalha acreana foi subindo. Em 9 de dezembro, quando chegou ao Rio anunciando sua própria morte, ouviu a proposta de João Augusto: não voltar mais para o Acre. Receberia todos os meios para comandar sua luta baseado no Rio de Janeiro, enquanto seu Tibete amazônico estivesse dominado pelos pistoleiros.

Não havia muito tempo para pensar na resposta. E Chico nem piscou. Disse que ficar fora de sua terra era morrer por antecipação. Não dava para salvar a Amazônia de Ipanema.

Mais uma vez a determinação serena do líder, agora dramatizada pela situação-limite, impressionou João. Mas o brilho tinha sumido dos olhos de Chico. Ele já sabia que não tinha chance.

O empresário não jogou a toalha. Se a opinião pública e o Estado não se mexiam para salvar a vida do líder florestal, por que não montar uma pequena brigada particular? João passou a consultar colegas que tivessem a mistura suficiente de dinheiro e sensibilidade para montar a operação. Sirkis, que fora seu primeiro elo com Chico Mendes, coordenou a missão. Na luta contra a privatização da floresta pelos grileiros, o jeito era privatizar a segurança do maior inimigo deles.

Enquanto isso, a guerra da comunicação continuava. O jornalista Edilson Martins, acreano radicado no Rio, resolveu fazer com Chico Mendes a entrevista que nenhum grande veículo de comunicação se interessara em fazer. Depois ofereceria o peixe pronto, talvez ficasse mais atraente.

Vibrante e arrojado, Edilson tentava romper a barreira do desinteresse pelo Acre, começando a mostrar que ali brotava um dos principais focos de resistência à destruição da Amazônia. Foi se aproximando dos editores da grande imprensa carioca e paulista com seu jeito meio engajado, meio irreverente. Certa vez, convenceu o colega Elson Martins da Silveira a parar de assinar o último sobrenome. Ficariam assim com identidades quase gêmeas — Edilson Martins e Elson Martins, ambos jornalistas acreanos —, pelo puro prazer de confundir os outros.

No meio da labuta na selva sem lei, de vez em quando se encontravam para devolver ao verdadeiro dono as cartas, as congratulações e também as ameaças recebidas em nome do outro. Tinham achado um jeito de se divertir na guerra.

Um dos editores de quem Edilson Martins começara a se aproximar era Zuenir Ventura, expoente do *Jornal do Brasil*. A entrevista com Chico Mendes estava feita, e o lead era simples: ele anunciava que ia ser morto. Mas isso também podia não querer dizer muito. Sempre houve uma razoável quantidade de paranóicos e oportunistas avisando às redações que estavam sendo ameaçados de morte.

Acabaram valendo, nesse caso, o carisma do repórter e a intuição do editor. Zuenir se convenceu de que tinha uma matéria importante nas mãos. Decidiu que a publicaria.

Mas não queria publicá-la numa página interna qualquer do jornal. Achou que Chico Mendes deveria ser a capa do Caderno B Especial, então o principal suplemento dominical da imprensa brasileira. O problema era que a capa do B Especial era mais concorrida que terra de seringueiro. A edição seguinte, do dia 18 de dezembro, já estava comprometida, e a matéria de Edilson teria que esperar o outro domingo.

João Augusto comemorou a aprovação da matéria no *JB*. Mas tocou seu plano em frente. No dia 22, uma quinta-feira, reuniu numa grande sala da João Fortes Engenharia o grupo que patrocinaria o esquema de segurança particular de Chico Mendes. Definiram a quantia, reuniram o dinheiro e tomaram as providências para que já na segunda-feira após o Natal, dia 26, o esquema pudesse ser posto em prática. Aí esperariam a repercussão da matéria de Edilson Martins para capturar a atenção das autoridades para o caso.

Desde que começara a se interessar pela contribuição com causas ecológicas, João nunca se sentira fazendo algo tão concreto em defesa do meio ambiente. Estava animado com aquela relação direta com o missionário da floresta.

No início dos anos 70, sua geração se dividira entre os que pegaram em armas contra a ditadura, os que se deixaram enquadrar e os que foram fumar maconha em Búzios. Alfredo Sirkis estava no primeiro grupo. João não estava em nenhum. Largou a faculdade, se mandou para Londres, e intrigava os amigos dizendo que sua causa era decifrar e defender a Amazônia. Mais de 15 anos depois, sua causa já não parecia tão exótica, e ele, que sempre preferira as pessoas às idéias, era agora aliado de um legítimo líder amazônico.

O bem-estar com sua ação concreta em defesa da floresta, porém, durou só algumas horas. No final da noite, Sirkis telefonou para sua casa informando que Chico Mendes estava morto.

No dia seguinte, sexta-feira 23, a sala da João Fortes onde ocorrera a reunião sobre Chico Mendes estava em festa. Na confraternização de fim de ano dos funcionários da empresa, destacava-se um coral cantando o "Jingle Bells" a plenos pulmões. O som chegava até o andar inferior quase deserto, e encobria os soluços do ocupante solitário da sala das secretárias da diretoria. João Augusto não parava de chorar, nem de tentar um sinal de fax do outro lado do oceano.

Tinha em mãos uma cópia da matéria de Edilson Martins, que chegara tarde demais. Zuenir Ventura ainda convencera os editores do *JB* a publicar a entrevista póstuma do caipira anônimo na primeira página do jornal. O fax iria para uma jornalista brasileira em Londres, contatada às pressas por João para traduzir para o inglês a entrevista de Chico (agora encabeçada pela notícia trágica), e espalhá-la pelas agências de notícias internacionais. Enfim, para botar a boca no mundo, já que o Brasil estava surdo.

Quando o sinal do fax londrino apitou e João começou a empurrar o papel máquina adentro, ouviu a voz de Chico Mendes: "Se pelo menos os seringueiros e os índios parassem de morrer à toa, podia ser que a minha morte valesse a pena." A frase triste dita 15 dias antes voltava à cabeça do empresário, exatamente no tom sereno que a ouvira de Chico, agora lhe provocando calafrios.

Nunca vira alguém apontar para o seu próprio filme e dizer "essa é a hora em que eu morro". Imaginando sua mensagem brotando do fax na Europa, quis responder a Chico que aquela era a hora em que não te deixamos morrer em vão.

Na verdade, não tinha certeza disso. Nem de nada. Talvez o mundo não mudasse um milímetro com a morte do líder seringueiro. No meio da dor, só uma constatação se impunha inexorável, ecoando a última decisão de Chico Mendes: não dava para salvar a Amazônia de Ipanema.

■ ■ ■

A Ipanema que barrara Chico Mendes à beira-mar começava a ficar um lugar mais distante também para outra participante daquela passeata.

Bia Saldanha decidira fechar sua butique Cores Vivas, na Visconde de Pirajá com Aníbal de Mendonça. Quando a notícia da morte do líder amazônico explodiu mundo afora, a partir de centelhas como o fax de João Augusto, jornais de vários países (agora incluindo o Brasil) passaram a publicar fotos do caipira que finalmente começava a sair do anonimato. E, na maior parte dessas publicações, Chico Mendes aparecia vestindo a camiseta "Legalize" produzida por Bia na Cores Vivas.

Na imagem que ganhou o mundo, porém, as cores não estavam mais vivas. Era hora do adeus a Ipanema.

Mas ir para onde? Do alto de seus 4 anos de idade, Zé Roberto, o filho velocista que atravessara os seis bairros da passeata no pelotão dianteiro, deu a pista. Quis saber da mãe se agora, sem Chico Mendes, "eles vão destruir tudo". Era o seu jeito de perguntar: "O que você vai fazer?" Ela não sabia. Só sabia que, fosse o que fosse, era para esse lado que a sua vida iria.

A bússola interna apontava para a floresta. Mas salvar a Amazônia montando árvores cenográficas numa noitada no Jardim Botânico era uma coisa; floresta de verdade — e a execução de Chico Mendes trazia esse recado — era outra. Como já dissera Fernando Gabeira, alertando os candidatos a heróis ecológicos, a floresta gosta de engolir aqueles que entram nela para salvá-la. E foi na casa de Gabeira que Bia colheu a primeira pista sobre qual caminho seguir — não exatamente seguro, mas, de qualquer forma, um caminho.

Era uma reunião política dessas que juntam gente de várias tribos, e acaba não se sabendo direito quem convidou quem. No meio dessa fauna, chamou sua atenção um personagem peculiar. Um empresário que parecia militante, que parecia pragmático, que parecia sensível, que parecia rico. Um cara diferente. Aparentemente despojado. Certamente poderoso.

Bia mal trocou meia dúzia de palavras com ele, mas guardou seu nome: João Augusto Fortes. E guardou também outra informação essencial: seu telefone. Não sabia quando, nem por que, mas estava certa de que chegaria o dia de ligar para ele.

O dia chegou quando, na seqüência da morte de Chico Mendes, Bia desistiu de ser dona de butique. Antes de fechar a Cores Vivas, ainda tentou uma transição com um projeto ao ar livre, em parceria com Gabeira. Era uma série de camisetas com estampas ecológicas criadas por artistas plásticos consagrados, numa espécie de loja itinerante — montada num triciclo — que estaria cada dia num ponto da cidade. Chamava-se "Descamisados", parodiando o bordão populista do presidente eleito Fernando Collor.

A iniciativa foi um sucesso de crítica e um fracasso de público. O triciclo e sua freguesia pareciam não freqüentar as mesmas esquinas. A "loja" precisava se deslocar com agilidade para os pontos de convergência de gente *in*. O piloto da engenhoca era o ator Paulinho Miranda, um baiano esguio bom de prosa, meio filósofo, muito querido no Rio. Infelizmente o triciclo não era movido a charme. E era pesado. Pedalá-lo era uma certa estiva, e o forte de Paulinho eram o pensamento e a contemplação. A loja itinerante, evidentemente, enguiçou.

Entre os poucos que se deslumbraram com os "Descamisados" estava João Augusto. Quando Bia telefonou, já havia portanto algum vento a favor dela. Mesmo antes, na casa de Gabeira, a jovem estilista já havia chamado a sua atenção. Não exatamente por seu talento.

Diante de um punhado de personalidades cariocas ali reunidas — gente como o maestro John Neschling e sua mulher, Lucélia Santos, o psicanalista Luiz Alberto Py, Alfredo Sirkis, a promoter Lucia Sweet, o ecologista Guido Gelli (autor da idéia de Chico Mendes apagar a tocha), o sociólogo Liszt Vieira, o próprio Gabeira e outros notáveis —, Bia pediu a palavra.

A moça morena de longos cabelos eriçados e olhos apertados — ali especialmente apertados pela fumaça ingerida — não parecia inibida pela audiência vip, e começou a expor com firmeza e entusiasmo seu pensamento. Seu discurso estava prestes a fazer sentido quando ela, misteriosamente, parou de falar. Talvez fosse uma pausa, e todos esperaram em silêncio que ela retomasse a linha de raciocínio. Mas ela não retomaria.

Tranqüilamente, abortou sua própria fala com um comentário singelo, como se estivesse numa roda de amigos à beira-mar:

— Dispersão é foda.

Bia simplesmente tinha se esquecido do que estava falando.

O constrangimento da situação poderia tê-la reduzido a pó, mas ela não se abalou. Aquela mistura de espontaneidade com petulância valeu mais que mil palavras inteligentes. E estava só começando a impressionar João.

Com o mesmo desprendimento com que pediu a palavra (e a devolveu pela metade) na reunião política, Bia ligou para o empresário que mal conhecia. Decidira que ele teria uma resposta para sua difícil equação pessoal: a) queria deixar de ser dona de loja; b) queria virar militante; c) tinha uma casa para sustentar. João atendeu-a logo na primeira tentativa, e ela foi direta: disse que estava fechando a Cores Vivas e queria trabalhar na área de meio ambiente. Com ele.

João também foi direto:

— Não feche a sua loja. Não tem trabalho nessa área.

Como de hábito, Bia não se abateu. Continuou falando como se não tivesse acabado de ouvir a palavra "não" duas vezes. Mas dessa vez não se dispersou. Disse que estava decidida a ser ambientalista, e mais: que sabia que ia haver uma conferência mundial de meio ambiente no Brasil, e também sabia que João estava envolvido na organização dela. Era um megaevento sobre o qual pouquíssima gente ainda sabia, ou seja, no mínimo a moça era bem informada.

Aí foi o empresário quem a surpreendeu. Não só insistiu para que Bia não fechasse a Cores Vivas, como se ofereceu para entrar como sócio na loja. Ela não entendeu nada. Ele explicou:

— Pra que você quer ser ecologista? Já tem um monte por aí. O que falta é empresário. Empresário com uma visão como a que você já tem. Meio ambiente tem que dar resultado, tem que dar lucro. Senão a gente nunca vai poder dizer que, no mundo real, vale a pena a floresta ficar em pé.

Tinha baixado Chico Mendes no discurso de João. Nas conversas com o líder seringueiro, ele descobrira o quanto aquele personagem de um mundo arcaico tinha uma concepção moderna dos seus problemas. Chico não queria mesada para seringueiro nem favor para índio. Queria apenas conectar os "povos da floresta" ao mercado.

Nunca se ouvira nada parecido vindo das várzeas amazônicas. Chico Mendes era um ribeirinho que conhecia Karl Marx e Adam Smith. Entendera que uma árvore não cai se tiver sustentação econômica e mercadológica. Fora assassinado por isso. Fazendeiros, madeireiros e grileiros nunca se importaram com os que defendiam a floresta como um jardim. Sabiam que esses messias se derretem ao primeiro contato com a vida real. Mas um sujeito que propagava a floresta como meio de vida era perigoso demais.

João Augusto se tornara um embaixador do ideário de Chico Mendes. E estava decidido a fincá-lo na realidade com sua força de empresário.

Mas Bia não parecia muito comovida com aqueles conceitos todos. No seu estilo agudo, ela recusou a sociedade:

— Olha, João, a Cores Vivas já era. Esquece. Não quero mais ser empresária, acabou. Virei essa página na minha vida.

A conversa terminou sem entendimento. Cada nariz saiu apontando para um lado. E ambos tiveram, naquele momento, uma certeza: iam trabalhar juntos.

■ ■ ■

A inauguração do EcoMercado, o primeiro empreendimento do ramo no Brasil, reuniu políticos, celebridades, imprensa nacional e estrangeira. Menos de um ano depois daquele telefonema, João Augusto Fortes e Bia Saldanha tinham montado um negócio em que caberiam umas dez Cores Vivas, em pleno Centro Empresarial Rio.

Nem foram militar em ONGs, nem foram esverdear corporações. Fundaram sua própria empresa verde. No ano seguinte, ela seria sensação na Rio-92, a Cúpula da Terra. Naquele mesmo momento, porém, a moderna empresa de João e Bia começaria a morrer.

Mais precisamente, engolida por um saco de açúcar. Um saco vazio, feioso e estranho, em que o tecido rústico fora emborrachado por uma camada de látex. O artigo pré-histórico invadira o ambiente sofisticado do EcoMercado pelas mãos de um sujeito igualmente rústico, que não se encaixaria em nenhum cenário de modernidade. Mas hipnotizou a dupla de jovens empresários.

O olhar de Bia e de João aplicou um photoshop imaginário naquele saco estranho e resistente, feito por seringueiros do Acre. Imediatamente, "viram" uma elegante bolsa numa prateleira em Paris. Amazônia e moda. A conexão entre a floresta e o mercado, pregada por Chico Mendes, estava ali, na frente deles.

O couro vegetal, como João batizou o saco transformista, roubou a cena do novo empreendimento. Em pouco tempo, o imponente EcoMercado se tornaria só uma casca em volta do produto acreano. Era nele, só nele, que a dupla enxergara, pela primeira vez, a travessia amazônica do século XIX para o século XXI.

A casca ficou para trás. Ipanema também. Bia e João tomaram seus assentos no túnel do tempo. Voaram para o Brasil primitivo, rumo à floresta real, aquela que engole seus salvadores.

# Entre se quiser, saia se puder

A dor era sobre-humana, mas Bia não gritou. Às margens do rio Gregório, no Vale do Juruá, Acre, coração da floresta amazônica, não adianta gritar. A possibilidade remota de socorro desencoraja o grito.

Era 1997, seis anos depois da inauguração do EcoMercado. Na primeira vez em que se enfiara para valer mata tropical adentro, três anos antes, numa aldeia dos índios Yawanawá, ali mesmo no rio Gregório, a floresta já lhe dera uma espécie de aviso psicológico. Após as sucessivas (e demoradas) conexões de avião maior, avião menor, canoa, caminhada no rio e caminhada no seco, chegava-se, antes de mais nada, a uma convicção firme: daquele lugar não era fácil sair.

O gigantismo vertical e horizontal da massa verde informava de cara que a contagem do tempo ali era diferente. Sair da floresta podia durar dois dias, ou três, e esse tempo não era uma soma de horas. Era uma combinação de imprevisibilidades naturais e humanas, de canoeiros, cheias, vazantes, pilotos, motores, chuva, sol, conexões, esperas. O cartão de visitas da Amazônia era devolver o indivíduo ao seu tamanho real no planeta — ou seja, o tamanho de uma formiga.

Uma amplidão sufocante. Esse era o paradoxo amazônico, o aviso psicológico que a floresta dava aos recém-chegados. Bia recebeu o seu, cinco anos após a morte de Chico Mendes. O projeto do couro vegetal já ia de vento em popa, e ela e João já tinham estado na Amazônia algumas vezes. Mas esse seria o primeiro mergulho profundo da empresária-militante na floresta tropical. Para acertar com índios e seringueiros a produção dos seus emborrachados fashion, ela ficaria dois meses no Vale do Juruá. O susto veio logo na terceira noite.

À medida que subia o rio Gregório, afluente do Juruá, a imensidão do lugar se tornava mais opressora. Sensação estranha, uma espécie de claustrofobia ao contrário. Não existia "amplofobia" no dicionário. Certamente, Aurélio Buarque de Hollanda nunca andara por ali. O anoitecer piorava um pouco a paranóia. E, numa das primeiras vezes em que viu o gigantismo agravado pela escuridão, um som remoto e aflito percorreu sua espinha como um choque elétrico.

Aos poucos, o som agudo foi se tornando mais próximo, rasgando de forma aterrorizante o silêncio noturno da aldeia Yawanawá. Em sua paranóia, Bia diria que aquilo era uma mistura de gritos de mulheres — o que não fazia sentido, porque estavam no meio do nada e na aldeia todos dormiam. Mas, conforme o ruído se avolumava, foi dando para ver que eram mesmo gritos femininos. Desesperados.

Um punhado de vultos surgiu então correndo em direção às casinhas de paxiúba, onde Bia estava. O peito dela apertou mais. A angústia de não saber o que se passava logo foi substituída pelo terror de saber o que ocorrera. Eram índias descontroladas, urrando e chorando porque um dos filhos do cacique caíra da canoa e fora tragado pelas águas do rio.

Quatro dias de buscas não seriam suficientes para localizar o corpo. A floresta acabara de engolir mais um. Um que a conhecia como a palma da mão. Parecia querer mostrar o que seria capaz de fazer com quem não a conhecia.

Agora, quase dez anos após a morte de Chico Mendes, a mata tropical vinha cumprir sua promessa à forasteira carioca. A empresa Couro Vegetal da Amazônia, que já movimentara milhões de reais, estava à beira da bancarrota. João Augusto estava longe dali, e seu saldo bancário estava longe do que já tinha sido. Os dois enfrentavam sérias dificuldades pessoais — sendo que a de Bia era, naquele momento, conseguir sair inteira da floresta, após um grave acidente.

Uma queda brusca espatifara seu braço esquerdo. Em poucos segundos não tinha mais controle sobre ele, a ligação óssea com o ombro não existia mais. Era noite no rio Gregório e nem rezadeira havia por perto. A dor intolerável começava a triturar seu sistema nervoso. Teve vontade de pedir que lhe amputassem o braço. Mas não haveria quem fizesse isso. Não haveria quem fizesse nada por ela. Nem por seu bebê de sete meses, que ocupava o outro braço e dependia do leite do peito para lutar contra um princípio de subnutrição.

Bia não gritou, nem chorou, nem dormiu. Sonhou acordada com campos de guerra e mutilados sangrando em trincheiras. Entrara na floresta atrás de uma nova chance, concreta, de levar o couro vegetal ao topo do mundo. Agora esperava para ver se a floresta lhe daria a chance de sair do inferno.

# A PELE DE BRIGITTE

— **B**razil! Amazoniá! Chico Mendez! A exaltação patriótica, em plena sede das Nações Unidas, não foi feita por um brasileiro. Aliás, não havia naquele recinto nenhum brasileiro defendendo seu país. Quem gritou foi um canadense, que também não estava interessado no Brasil. Seu grito era movido, em última análise, por ciúmes.

Em 1989, a ONU decidia qual país iria sediar a "Cúpula da Terra" — a megaconferência sobre meio ambiente e desenvolvimento. Daqueles shows grandiosos que a diplomacia internacional sabe promover, esse seria o maior já visto. Os quatro candidatos mais fortes eram Canadá, França, União Soviética e Brasil. O secretário-geral da conferência já estava escolhido, e era canadense. Defendia, claro, que o evento fosse para o Canadá. Mas estava prestes a perder a parada.

E ia perder feio. Crescia a cada dia o favoritismo da União Soviética, no embalo da abertura revolucionária comandada por Mikhail Gorbachev. A "perestroika", que estava prestes a derrubar o Muro de Berlim, era um sucesso no Ocidente, onde seu "pai" já era chamado de Gorby. Para o secretário-geral canadense, Maurice Strong, deixar a conferência ir para a URSS era condenar-se ao desaparecimento. Só ia dar Gorbachev.

O plano B (de Brasil) foi a saída providencial aos 45 minutos do segundo tempo. Ao gritar o nome de Chico Mendes, o seringueiro assassinado menos de um ano antes, o canadense ciumento se livrava da estrela de Gorby. E jogava no colo do Brasil a maior cúpula de Estado da história — que o governo brasileiro nem sabia o que era.

O Brasil estava magnetizado por outra estrela. Fernando Collor de Mello, o furacão que ia renovar a política brasileira, concentrava todas as atenções. O presidente José Sarney, bombardeado, pensava apenas em dar um jeito de não sair do palácio pela porta dos fundos. Nesse momento histórico, ninguém ia prestar atenção em agenda da ONU.

Quase ninguém. Um grupo que se intitulava Salve a Amazônia começara a perturbar o Itamaraty para que o Brasil se candidatasse a sediar a Cúpula da Terra. Mas qualquer assunto que não fosse a escolha do chanceler de Collor entrava por um ouvido do Itamaraty e saía pelo outro. Os combatentes do Salve a Amazônia — grupo criado pelos participantes da passeata com Chico Mendes no Rio — descobriram então a última célula viva do governo Sarney.

Chamava-se Fernando César Mesquita, um jornalista ligado pessoalmente ao presidente, seu porta-voz. Depois da morte de Chico Mendes, ele recebera a incumbência de dar uma perfumada no quintal ecológico brasileiro.

Mas Mesquita estava a fim de trabalho. No apagar das luzes de um governo em ruínas, destoava com sua postura do tipo "é comigo mesmo". Parecia mestre-de-cerimônias em velório. E, quando o pessoal do Salve a Amazônia bateu à sua porta, não deu outra. Candidatura brasileira à Cúpula da Terra?

Era com ele mesmo. Em tempo recorde a carta oficial do governo brasileiro estava voando para Genebra.

É bem verdade que voou sozinha, como uma mensagem na garrafa atirada ao mar. Mas o suficiente para que a candidatura fosse inscrita. Iniciada a pajelança diplomática, o Brasil era então só um papel no protocolo. Não tinha campanha, nem lobby, nem defensor. Mas tinha o mito de Chico Mendes. E o ciúme do secretário-geral.

O Brasil ganhou a Cúpula da Terra e guardou-a numa gaveta. Governo, autoridades e sociedade em geral continuaram se lixando para a megaconferência. O país só queria saber de Collor. E, quando o secretário-geral Maurice Strong iniciou os contatos com Brasília para o planejamento do evento histórico, deu-se o inusitado: ninguém o atendia. O dono da festa estava barrado na porta.

Já em 1990, numa reunião em Vancouver preparatória para a conferência, Strong avistou um grupo de brasileiros. Eram alguns dos neomilitantes do Salve a Amazônia, que haviam desembarcado no Canadá para bisbilhotar a agenda da ONU. O secretário-geral agarrou a oportunidade. Dirigiu-se ao brasileiro mais próximo, o empresário João Augusto Fortes, e desabafou:

— Eu ligo para o Brasil e ninguém atende.

Perplexo, João Augusto tentou contemporizar. Disse ao cacique da ONU que, quando ele conseguisse com o Itamaraty marcar uma visita ao Brasil, organizaria uma recepção para apoiá-lo.

Era um papo insólito para uma autoridade internacional, aquela promessa de encontro com um cidadão comum, totalmente fora dos ritos diplomáticos — como se estivessem combinando um programa no calçadão de Ipanema. Mas, na seca em que estava, Strong não podia desprezar nada. Guardou bem guardado o contato de João.

Em junho, o secretário-geral da Cúpula da Terra finalmente conseguiu ser recebido pelo governo brasileiro. O novo presidente, Collor, muito ocupado com o seqüestro da poupança da população, disse uma espécie de "a casa é sua" e mandou o canadense se virar. Sem saber para que lado ir, Maurice Strong procurou seu "amigo" brasileiro.

João lhe disse que o melhor a fazer, antes de tudo, era deixar Brasília para trás e ir para o Rio de Janeiro. Tinha tido uma idéia.

Se Brasília não tinha achado graça em Strong, e não cabia articular encontros com governador, prefeito ou autoridades menos votadas, o jeito era explodir o protocolo de uma vez. João Augusto levou o homem das Nações Unidas para fora do circuito institucional. Mais precisamente, para sua casa.

Passou a mão no telefone e convidou meia dúzia de amigos para conhecer o comandante da Cúpula da Terra. Depois chamou meia dúzia de amigos dos amigos, depois mais meia dúzia de conhecidos influentes, talentosos ou bonitos, e por aí foi. Com comida boa e drinques fartos, a reunião com o canadense mudou ligeiramente de razão social (passando a ser mais social que razão). Em outras palavras, virou festa. Até de madrugada.

Empresários, artistas, jornalistas, políticos, bicões — tinha de tudo na cobertura de João na rua Benjamin Batista, no Jardim Botânico. Maurice Strong finalmente estava começando a conhecer o Brasil, e a ser conhecido por ele. O canadense saía de uma roda com Gilberto Gil para um dedo de prosa com Maitê Proença, depois ia falar de política com o maestro John Neschling e de cultura com Fernando Gabeira.

O empresário José Eduardo Guinle, que quando ouvira falar de ONU achara que ia a uma reunião executiva para meia dúzia, deu de cara com uma câmera de vídeo "documentando o evento". E caiu na feira pop. Sua dissertação técnica sobre os atributos turísticos do Rio ia ter que ficar para outra vez. Aliás, defender o Rio ali estava difícil.

O presidente Collor queria que a conferência mundial acontecesse em Manaus, para destacar a Amazônia. Seu irmão Leopoldo Collor, empresário poderoso, queria levar o evento para São Paulo. Um movimento forte liderado pelo empresário Paulo Otávio, amigo do presidente, queria que a cidade-sede fosse Brasília. O prefeito carioca, Marcello Alencar, era do partido de Leonel Brizola, adversário frontal de Collor. O Rio estava fora dos planos. Mas só até aquela noite.

Strong saiu da casa de João Augusto transformado. Tinha visto pela primeira vez vida inteligente no Brasil — inteligente, calorosa e divertida. O Rio parecia um bom lugar para reunir o mundo.

João e seus colegas sentiram que tinham fisgado o gringo, e não perderam o embalo. Fundaram o Comitê Pró-Rio, uma entidade para fazer lobby em favor da cidade e, mais importante, para difundir a conferência internacional. Queriam evitar que ela virasse um evento de gabinete, restrito aos circuitos oficiais.

Se o mundo ia se reunir no Rio, eles queriam reunir todo mundo em torno do mundo. E, se aquilo desse certo, as idéias de Chico Mendes nunca mais precisariam de tradução simultânea. Sairiam do gueto amazônico diretamente para a boca do povo — ou dos povos.

Depois de conseguirem com Fernando César Mesquita fabricar em laboratório a candidatura brasileira na ONU, partiram para a sobremesa. Resolveram propor às Nações Unidas que o Brasil sediasse também uma conferência paralela à oficial, em que em vez de chefes de Estado se reuniriam chefes de ONGs, de religiões, de família, de si mesmos e também chefes de nada. Mas quem iria propor isso à ONU?

Não dava para reprisar o plano Mesquita. O jeito era partir para um abaixo-assinado. A plataforma de lançamento seria o gabinete do deputado federal Fábio Feldmann, jovem advogado paulista que se tornara um dos principais representantes das causas ambientais no meio político. Ligaram para todas as entidades e simpatizantes do caderninho de Feldmann — que não eram muitos — e concluíram o documento assinado por não mais que uma dúzia de ONGs.

Na hora de passar o fax para a ONU, notaram que o documento era pirata. Uma folha comum, sem timbre ou qualquer registro de remetente. O único papel timbrado ali era o da Câmara dos Deputados, o que corromperia a iniciativa.

João então se lembrou de que mandara fazer um material institucional do Salve a Amazônia, uma entidade que mal engatinhava — mas tinha papel timbrado. Datilografaram ali mesmo o documento e, seja o que Deus quiser, despacharam para Genebra.

A proposta foi aprovada. No calendário oficial da Cúpula da Terra, logo passaria a constar também a realização do Fórum Global, o "evento paralelo da sociedade civil". Naturalmente, a ONU nunca soube que "Salve a Amazônia" era uma conversa de meia dúzia de idealistas.

O fato era que, na toada daquela meia dúzia, as Nações Unidas tinham sido conquistadas pelo Brasil. No oficial e no paralelo. O mais difícil, por incrível que pudesse parecer, seria conquistar o próprio Brasil.

Na convocação para o jantar dançante com Strong, já acontecera alguns estranhamentos. Herbert de Souza, por exemplo, não aceitara o convite. Acabou mandando um "olheiro". Presidente do Ibase (Instituto Brasileiro de Análises Sociais e Econômicas), o ex-exilado Betinho era um símbolo do movimento social, um líder do Brasil não chapa-branca. O fim da ditadura ainda estava fresco, e para essa oposição "progressista" o tal movimento a favor da Cúpula da Terra despertava desconfiança: tinha empresário no meio.

Foi isso o que começou a azedar a mobilização. Logo depois de ganha a parada na ONU para a realização da "conferência paralela" no Brasil, um ecologista da organização SOS Mata Atlântica fez uma denúncia grave: no abaixo-assinado enviado com o timbre do Salve a Amazônia, sua assinatura tinha sido falsificada. No seu repúdio à manobra, ele afirmou que jamais assinaria um documento junto com o empresário João Fortes.

João foi tirar satisfações com o próprio denunciante, na presença de outros signatários do documento vitorioso. O ecologista acabou "se lembrando" de que fora ele mesmo que assinara. E deixou transparecer algo talvez pior, para João, do que a falsa denúncia: o militante não queria ter a sua imagem associada a um "empresário do sistema".

Não era novidade. Quando tentara a pós-graduação em urbanismo nos anos 70, João já recebera o carimbo que ia carregar durante anos. Aprovado no exame escrito, sofreu execução sumária na avaliação oral. Um dos professores da banca, toda de inclinação política à esquerda, disparou logo a pergunta crucial:

— Mas você não é da João Fortes Engenharia?

Ser da João Fortes Engenharia significava ser da elite econômica ligada aos donos do regime. Ou seja: um cidadão daqueles não tinha nada que fazer numa universidade.

Depois disso, João ainda fez algumas tentativas, mas nunca conseguiu cursar urbanismo. Foi censurado pelos progressistas.

Por isso, na hora do jantar dançante, a esquerda tradicional não apareceu. ONU, empresários, Fortes, Strong — era força demais para ela. Mas se Betinho não foi a João, João foi a Betinho. Ele o conhecera através de Chico Mendes, na passeata da tocha, e ali fora visto por ele pelo menos como um empresário diferente. Sabia que, se Betinho estalasse os dedos, toda a esquerda, ONGs, ecologistas e militantes em geral se mobilizariam. O sociólogo símbolo da Anistia era a chave para tirar a chapa-branca da Cúpula da Terra.

Betinho não se comprometeu com João. Mas topou convocar boa parte do "movimento social" para uma ampla reunião no Ibase. O empresário que defendesse seu peixe diante das feras.

João chegou ao bunker de Betinho com Alfredo Sirkis, seu aliado na batalha pela conferência planetária (e ex-guerrilheiro com boa experiência de confronto). Os dois dissertaram longamente sobre a importância de não deixar a Cúpula da Terra só na mão dos governantes, de agarrar aquela chance para plantar idéias novas e compromissos com a qualidade de vida.

Não agradaram. Receberam de volta meia dúzia de perguntas desconfiadas sobre o real sentido daquele evento, indicando que aquele papo de empresário não estava convencendo. Mas estava convencendo uma pessoa: Betinho.

Diante do impasse geral e da aflição de João e Sirkis, o anfitrião tomou a palavra e dirigiu-se aos representantes dos movimentos sociais e líderes da esquerda. Usando sua sociologia com sotaque de psicanálise, Betinho fisgou sua platéia com um argumento maquiavélico:

— Bom, tá na hora de sair uma decisão daqui. Tá passando um barco aí na frente. Vamos entrar ou vamos ficar fora? Vocês vão deixar esse barco na mão dos empresários?

Estava encerrada a reunião. A única coisa que ninguém admitia ali era dar algo de mão beijada a empresário. Estava todo mundo dentro.

À frente do Comitê Pró-Rio, um filhote do grupo Salve a Amazônia que agora começava a se agigantar, João viu decolar a mobilização de apoio, verbas e gente para a pajelança carioca-global. Foi pessoalmente a Nairóbi, na África, ver a disputa pela cidade-sede: vitória do Rio de Janeiro, nomeada capital mundial da ecologia. Numa campanha que começara na sua casa.

No final de 1990 a imprensa brasileira e mundial já farejara a importância do evento marcado para junho de 92. Algumas manchetes chegavam a dizer que aquela seria a última chance de salvar a Terra do desastre ambiental. Nos Estados Unidos, uma grande campanha publicitária praticamente forçaria o presidente George Bush a rever sua decisão de não ir à conferência. Ia estar todo mundo lá. A coisa tinha ficado grande.

■ ■ ■

O trânsito na Praia de Botafogo estava caótico. Mas a confusão habitual daquele corredor urbano estava um pouco mais confusa. No emaranhado de carros, ônibus, gente, buzinas e fumaça havia uma vaca. Enorme, malhada e perplexa, ela não estava sozinha. Tinha a seu lado, "conversando" com ela e procurando adaptá-la à situação traumática, seus dois guias: João Augusto Fortes e Bia Saldanha.

Depois de uma pequena passeata involuntária nas proximidades do Centro Empresarial Rio, a vaca holandesa estacionou em frente ao EcoMercado, a loja gigante aberta pela dupla de jovens empresários. O caminhão que levaria o animal de volta ao seu pasto doce pasto já estava com a caçamba aberta, mas ia demorar a partir. Uma barreira de fotógrafos e cinegrafistas, que transformariam a vaca em celebridade no dia seguinte, a impediam de ir embora.

A "farra da vaca", que apareceria em todos os jornais e TVs, era mais uma jogada estética de João e Bia. Revanche metafórica contra a farra do boi — ritual em que o animal é perseguido pelas ruas, maltratado e devorado —, a passeata bovina no rush de Botafogo era um comercial do ecobúrguer, o hambúrguer sem carne. Era um dos 700 produtos "amigos do homem e da natureza" que compunham o inusitado balcão inventado pela dupla.

João estava no meio da cruzada pela Cúpula da Terra quando Bia surgiu decidida a caminhar com ele (sem saber para onde). Ela atirou no que viu e acertou no que não viu. Queria trabalhar na Rio-92. Mas a Rio-92 é que ia trabalhar para ela. Para eles.

A vitória brasileira na ONU, que João Augusto ajudara a construir, funcionara como uma pororoca junto com a morte de Chico Mendes. Em nenhum outro lugar do mundo aquela conferência teria o apelo emocional que adquiriu. A sensação geral era que algo de novo, de revelador, de redentor aconteceria no Brasil.

O terreno no país ficara fértil para invenções. No mercado de promessas para a nova era, em se plantando tudo daria. Foi nesse contexto que João e Bia, acostumados a pensar grande sozinhos, decidiram pensar enorme juntos.

Depois do telefonema em que Bia recusou a proposta de João de continuar com sua butique — e João recusou a proposta de Bia de empregá-la como militante —, os dois desistiram de procurar no mercado o seu projeto de vida. Telefonaram-se de novo e concluíram que sua plataforma de ação não estava na João Fortes, nem na Cores Vivas, nem no Salve a Amazônia ou outra ONG qualquer.

A plataforma não existia. Tinha que ser inventada. Não queriam melhorar o planeta apesar do capitalismo, mas com ele. Defender o verde e ganhar dinheiro. *Ecobusiness* era o nome do jogo. Não existia no Brasil. Melhor ainda.

O EcoMercado nasceu no embalo da contagem regressiva para a Rio-92. Não havia outro empreendimento como aquele na América Latina. Vinte anos depois que o canadense David McTaggart impediu com um barco a vela um teste atômico francês no oceano Pacífico, a idéia de salvar o planeta chegava às pessoas comuns.

Todos queriam saber que mundo era aquele que nascia com a Cúpula da Terra, e o EcoMercado surgia como uma pequena embaixada do novo tempo. Clientes entravam na loja ultramoderna gritando "Isso aqui é o bem!", e coisas assim. Bia e João estavam na vanguarda do desbunde ecológico.

A vaca Brigitte (em homenagem à Bardot, defensora dos animais) era símbolo de uma empreitada arriscada: aposta financeira alta, inovação conceitual arrojada e senso prático duvidoso. Ao lado do ecobúrguer que salvava a vida de Brigitte, entre as centenas de produtos oferecidos havia desde alta tecnologia para captação de energia solar até o mais singelo artesanato. Um dos consultores contratados para descobrir por que as vendas não iam bem resumiu assim seu diagnóstico:

— Vocês querem vender aviões e, enquanto o comprador não aparece, vocês ficam oferecendo incenso à clientela.

O EcoMercado era isso. Um gigante simpático em crise de identidade. Mas o show tinha que continuar, afinal a superloja futurista era um quitute da nova era. Gerava dúzias de matérias na imprensa sobre os novos hábitos do consumidor consciente, o novo front do business responsável etc. Só faltava combinar tudo isso com o livro-caixa.

O sucesso da vaca Brigitte foi grande, na verdade grande demais. O Bob's e o McDonalds enfrentavam-se em uma de suas primeiras grandes batalhas publicitárias, disputando quem vendia o hambúrguer mais barato. O EcoMercado aproveitou a onda para entrar em cena oferecendo o único búrguer da praça abaixo de mil cruzeiros (e que não matava boi): "Chega de guerra sangrenta. Ecobúrguer a novecentos e noventa."

A rima pegou e, junto com a popularidade de Brigitte, fez decolar a primeira lanchonete totalmente orgânica do Rio de Janeiro. O EcoMercado passou a receber uma clientela realmente grande, e a caixa registradora engrenou. Mas havia um pequeno problema: do artesanato nativo à alta tecnologia, a maior parte dos 700 produtos começou a pegar poeira. O empreendimento da nova era estava virando um McDonald's ecológico.

Além da horda de passantes famintos, entrava no EcoMercado toda sorte de curiosos, alternativos, visionários, exóticos e desocupados. Para piorar, boa parte deles tinha uma idéia sobre como salvar o planeta. E queria expô-la aos donos do negócio, que ficavam ali mesmo, num escritório flutuante no jirau.

Não bastasse a encruzilhada em que se encontravam, Bia e João tinham que tomar alguma providência para não virarem pára-raio de personagens esquisitos. Mas um deles chegou para mudar tudo.

Vinha do Acre, mas era carioca. Meio maltrapilho, vibrante, carregando uma tralha com cheiro forte, levemente desagradável. Louro, robusto e um tanto castigado, Paulo Semless parecia um Indiana Jones do seringal. O entusiasmo do seu discurso dava ao interlocutor a impressão de que ele tinha acabado de descobrir o eldorado. E tinha mesmo, pelo menos segundo ele próprio.

A riqueza, feia e fétida, chamava-se "saco encauchado" — expressão tosca que o forasteiro repetia insistentemente como se estivesse falando do santo graal.

Tratava-se de um utensílio rústico (ou algo inferior a isso na escala do primitivismo), basicamente um tecido de algodão lambuzado de látex, usado por alguns seringueiros da Amazônia para carregar seus pertences nas longas travessias florestais sob chuva e sol. Era um arremedo de bolsa, altamente resistente, usado apenas nos bastidores pesados da extração da borracha. Ou seja, jamais comercializado. Semless cismara de tirá-lo da obscuridade e oferecê-lo ao mercado.

Em qualquer outro endereço do mundo empresarial, seria só mais um personagem esquisito e bateria com a cara na porta. No EcoMercado, entrou, sentou-se e virou sócio.

João Augusto aprendera com Chico Mendes que aquela conversa de proteger os coitadinhos da floresta não ia longe. A chance de a Amazônia conquistar o mundo urbano não estava na piedade, mas na sedução. Com um tratamento moderno e industrial, o "saco encauchado" poderia entrar na vida de um paulistano, nova-iorquino ou parisiense com um valor infinitamente maior do que um punhado de castanha-do-pará ou qualquer outra prenda selvagem.

Unir consciência e estilo num só produto, esse era o caminho mágico entre a floresta e o mercado. Os donos do EcoMercado entenderam o Indiana Jones do seringal num piscar de olhos. João verbalizou o tamanho da aposta:

— Isso não é saco encauchado. Isso é couro. Nós vamos produzir e apresentar ao mundo o couro vegetal.

A questão já não era salvar a pele (e a carne) de Brigitte e de seus semelhantes. Era abrir um caminho — lucrativo — para salvar da extinção os povos da floresta.

■ ■ ■

Brigitte Bardot não teve o prazer de conhecer a vaca que desfilou no trânsito do Rio com seu nome. Mas Jane Fonda foi pessoalmente conferir a confusão carioca. Não a farra da vaca, mas a farra dos homens. Em junho de 92, no Aterro do Flamengo, só não pousou extraterrestre. Pelo menos não oficialmente. O

Fórum Global, evento paralelo à conferência oficial das Nações Unidas — nascido do fax espírita do Salve a Amazônia, a ONG que não tinha filiados mas tinha papel timbrado —, explodiu. Parecia um novo Woodstock. Tribos de todos os cantos e guetos do planeta convergiram para o jardim gigante de Burle Marx. Herdeiros da radiação de Hiroxima e monges do Tibete esbarravam com índios da Amazônia e astros de Hollywood. A quantidade de gente sem crachá nem colarinho branco era muito superior à dos participantes oficiais (que representavam quase todos os países do mundo).

E muito superior ao que João Augusto, mesmo pensando grande, poderia imaginar quando foi suplicar o apoio de Betinho para atrair os não-governamentais. Mas o clima de paz e amor não impediu que, num desses esbarrões, Jane Fonda levasse um susto.

A estrela circulava tranqüilamente pela Cúpula da Terra quando um homem troncudo, estatura média para baixa, rosto largo, narinas grandes e óculos pequenos, quase uma caricatura de Lampião, partiu na direção dela. Assim como o cangaceiro, seu clima não era de paz e amor. Conseguiu atravessar o cordão de acompanhantes da atriz e parou diante dela.

Perplexo com a situação inusitada, Ted Turner, o magnata da comunicação e marido de Jane, apertou o passo e puxou-a para junto de si. Mas o intruso estava decidido. Não permitiu a escapada do casal, cercou novamente a estrela e rosnou uma frase insólita em português para o milionário americano:

— Dá licença, Txai. Tu tem tudo, mas a índia agora é minha.

Txai era um tratamento típico dos índios amazônicos do Juruá, região mais selvagem e bela do Acre. O clone de Lampião evidentemente não era um deles, mas já entrara em muitas enrascadas por causa dos índios e seringueiros daquelas paragens. A última delas era o que explicava a presença dele nos confins do Rio de Janeiro: estava fugindo da prisão.

Por um minuto, Jane Fonda foi, de fato, a "índia" do forasteiro amazônico. Depois do susto, ela relaxou e se interessou pela abordagem. Até porque o personagem, embora rude, tinha carisma. Queria que a estrela hollywoodiana recebesse uma carta sua. Ela hesitou, mas pegou o papel.

Ali estava escrito, em português e inglês, que o portador da carta estava sendo perseguido pelos "donos" da Amazônia. E tinha tido sua prisão decretada por um delito cometido em local onde não estivera.

Jane Fonda seguiu adiante pelo Aterro do Flamengo levando consigo a mensagem inesperada. Teve pouco tempo para conhecer o foragido e sua história. Mas ainda ouviria falar dele. Naquele encontro-relâmpago ela estivera, sem saber, diante de um sucessor legítimo de Chico Mendes.

O homem que baixara na Rio-92 para escapar da prisão era Antônio Batista de Macêdo, seringueiro que virou contador de histórias, que virou sertanista, que virou líder ambientalista. Txai Macêdo, como era tratado pelos índios Kaxinawá, em sinal de amizade e respeito, estava por trás de algumas das idéias revolucionárias de Chico Mendes. O conceito de reserva extrativista, por exemplo, que se tornaria modelo universal de proteção da Amazônia, Chico desenvolvera com Macêdo.

Com seus "empates" pacíficos, em que colocava famílias de seringueiros entre as motosserras e a mata, Chico Mendes ia reivindicando terras aqui e ali para seu povo na região de Xapuri. Vivendo no Vale do Juruá, a oeste, no lado oposto do Acre, Macêdo já ouvira falar muito de Chico. Quando começaram a se encontrar, em reuniões políticas no início dos anos 80, o Txai passou a abordá-lo com idéias diferentes.

Numa conversa em 1984, fisgou o sindicalista de Xapuri com sua filosofia indigenista do Juruá:

— Chico, esse negócio de lote, assentamento, não é a coisa ideal, porque são ilhas isoladas, às vezes na beira de uma fazenda. Reserva extrativista não é assim. É coisa parecida com terra indígena.

A ficha caiu para Chico Mendes. O negócio não era lote, era território. Não era só chão, era cultura. Convidaria Macêdo a entrar para o Conselho Nacional dos Seringueiros, e o apresentaria assim ao seu povo:

— Esse cara sabe o que fala. Ele tem o *know-how* que nós precisamos.

A missão inicial do Txai no Conselho seria fazer o projeto, a pedido de Chico Mendes, da primeira reserva extrativista brasileira, na região do Alto Juruá. Morto em 1988, Chico não veria seu sonho realizado. Macêdo também quase não vê.

Menos de três meses depois do assassinato do colega, escapou milagrosamente de um atentado dentro de uma igreja. Dois anos depois, em 91, sua morte encomendada falhou de novo na hora da entrega. No ano seguinte, teve sua prisão decretada por impedir que uma família fosse despejada de um seringal do qual ele estava a muitos quilômetros de distância. Não esperou para ver se era mais um dia da caça, ou se finalmente era o do caçador. Se mandou para a Rio-92.

Depois do encontro com Jane Fonda, Txai Macêdo continuou vagando pelo Fórum Global. Precisava encontrar outras personalidades para continuar panfletando sua carta-denúncia. Mas ia encontrar algo que o faria esquecer momentaneamente a ordem de prisão contra si.

Pendurado num dos infinitos estandes à beira do caminho, um conjunto de bolsas, pastas e utensílios elegantes alinhava-se sob a inscrição "couro vegetal da Amazônia". O sobrevivente acreano já tinha lido sobre aquilo na imprensa, mas só ao vivo se deu conta de que não era uma idéia. Era de verdade.

Sua mente voou num segundo de volta para as florestas do Acre. E voltou em outro segundo ao Rio para montar a equação: "Extrativismo + tecnologia + arte + utilidade + preço = Isso vai mudar tudo." Fossem quem fossem os autores daquela novidade, decidiu ali que seu caminho teria que se cruzar com o deles.

■ ■ ■

O couro vegetal era um dos sucessos da Cúpula da Terra. Choviam matérias na imprensa internacional sobre a incrível solução de mercado para valorizar a floresta tropical e seu povo. João Augusto Fortes e Bia Saldanha não paravam de receber celebridades nacionais e estrangeiras, jornalistas de toda parte e novos parceiros em potencial.

Com Paulo Semless, começaram a projetar a multiplicação da escala inicial de produção. Salvar a Amazônia finalmente deixava de ser um slogan no Pão de Açúcar. O champanhe dos novos ecoempreendedores estourou, para um brinde ao verde das matas e dos dólares.

Mas estourou cedo demais.

Mal terminara a Rio-92, adentrou o EcoMercado um cliente nada radiante, sem nenhuma vontade de gritar que aquilo era "o bem". Estava grudado em sua pasta de couro vegetal, e isso não era uma metáfora afetiva. O produto estava derretendo, e o couro estava virando cola.

Depois daquele cliente, veio outro com problema idêntico. Depois outro, e mais outro. Em poucas semanas, o templo do desenvolvimento verde tinha virado central de queixas. A "salvação da Amazônia" estava, literalmente, melando.

# O 20º ANDAR DA FLORESTA

**E**ra tarde demais para abortar a decolagem. Os inventores do "couro vegetal", que tinham ficado internacionalmente conhecidos na Rio-92, já estavam voando para Nova York quando chegou a notícia desastrosa. Estavam indo assinar seu primeiro contrato com um representante americano e abrir uma empresa nos Estados Unidos, a Amazon Vegetal Leather Company (Empresa Couro Vegetal da Amazônia), quando souberam que seu festejado produto estava se desintegrando.

Saíram da Rio-92 com a solução para os povos da floresta. Chegaram a Nova York sem nada.

Mas o vento teimava em soprar a favor de João Augusto Fortes e Bia Saldanha. A revolta dos clientes era muito peculiar: não queriam seu dinheiro de volta. O que queriam de volta era o seu produto amazônico intacto. Isto é, não tinham desistido dele. E pareciam ter fé na reversão do problema — no caso, fé cega mesmo, considerando que os próprios donos do couro vegetal não tinham a menor idéia do que fariam para que as bolsas não se desmanchassem.

Nessa conjuntura, a aterrissagem no mercado americano era um pesadelo anunciado. Mas foi um sonho.

O empresário contatado pela dupla para fazer explodir o couro vegetal nos Estados Unidos tinha uma única coisa a dizer aos dois brasileiros apreensivos: ia dar tudo certo. Moreno de ascendência árabe, calças largas e sorriso fácil, David Sadka era o protótipo do empreendedor moderno. Beirando os 40 anos, crítico do *American way of life*, bem instalado num escritório espaçoso em Manhattan, era um otimista incurável.

Nem quis muita conversa sobre o "couro" que grudava na mão do dono. Aquilo era um detalhe, uma unha encravada. O topo do mundo fashion esperava por eles, e não havia tempo a perder.

Na outra ponta do empreendimento, ou seja, na floresta tropical, o espírito era idêntico. Era quase como se não tivesse dado tudo errado. Como se os 1.500 "sacos encauchados" que haviam consumido 30 mil dólares e sido transformados na primeira geração de bolsas e utensílios de couro vegetal não tivessem virado chiclete.

Tranqüilo, Paulo Semless explicou que já providenciara com sua base de seringueiros uma adição de enxofre ao látex, e dali resultariam lâminas de couro vegetal de alta tenacidade. Era uma boa promessa, mas o tempo para conferi-la era amazônico. O ciclo da produção levava no mínimo quatro meses, entre encomendar e receber (fora quase meio ano de entressafra da borracha). O jeito era fechar os olhos e pagar para ver. E o preço do risco estava prestes a disparar.

No auge da insegurança sobre a confiabilidade do produto, David Sadka marcou seu primeiro gol de placa. A empresa Deja Shoes, potência emergente do Oregon, queria o couro vegetal. Ou melhor: queria muito couro vegetal. Obcecada pela figura mítica de Chico Mendes, decidira estilizar a bota usada pelos seringueiros na floresta e fazer dela seu carro-chefe de vendas. Curiosamente, também não estava nem aí para as notícias do couro que virava cola. Os brasileiros haveriam de dar um jeito naquilo. A preocupação da Deja era apenas garantir — logo — um bom contrato com Bia e João.

Antes que a dupla do EcoMercado pudesse pensar na possibilidade de recuar, já estava sentada diante de um casal de americanos e um grego, Bruce McGregor, Julie Lewis e Bob Farentinos, no Hotel Internacional do Rio, em Copacabana. A proposta inicial dos modernos empreendedores calçadistas do Oregon não tinha nem vestígio de modéstia: queriam receber de saída 20 mil lâminas de couro vegetal, projetando um fornecimento anual de pelo menos 80 mil lâminas — um negócio de quase 1 milhão de dólares. Para começar.

Em Boca do Acre, quartel-general da produção, Semless seguia aplicando sua "poção mágica" de enxofre sobre o látex, e garantia que as vibrações estavam positivas. A nova safra de lâminas realmente evoluíra muito em qualidade, mas parte dos produtos testados continuava melando a mão do usuário.

A pressão pelo alcance rápido de um padrão confiável para o couro vegetal, e a tensão geral advinda dela, poderia estar atrapalhando os resultados, na visão de Semless. Ele argumentava que um produto saído da Amazônia não estava sujeito apenas a ingredientes materiais:

— As bolsas estão melando porque o astral não tá legal.

Com as cifras estratosféricas propostas pela Deja, o astral não poderia ficar melhor. Os brasileiros fecharam negócio. Cravaram sua bandeira no maior mercado do mundo — morrendo de medo, evidentemente. Bia e João sabiam que poderiam estar passando um altíssimo cheque sem fundos.

E naquele vaivém Rio—Nova York, numa olhadela para baixo, pouco antes da linha do equador, viram que estava faltando uma escala elementar no vôo do couro vegetal: a Amazônia.

A unidade "fabril" de Paulo Semless em Boca do Acre era, em si, uma revolução. O olhar inteligente do desbravador carioca para o saco encauchado e a organização da sua produção em série tinham sido uma grande sacada comercial. Mas o olhar empresarial de João e Bia, sua conexão com a luta de Chico Mendes e seu alto poder de reverberação tinham multiplicado aquela aposta por mil. Se a bandeira estava fincada nos Estados Unidos, era preciso fincá-la muito mais profundamente na Amazônia. E só tinha um jeito de fazer isso: sair da ponte aérea Rio—Nova York e se meter na floresta.

A dupla decidiu se dividir: um dos dois faria as primeiras incursões à Amazônia, e o outro ficaria na retaguarda urbana do business. A exploração do universo florestal, pelo seu teor de imponderável, exposição física e riscos em geral, era uma tarefa mais recomendável para a metade masculina da sociedade. Por isso, decidiram que quem iria para a mata era a metade feminina. Assim eram João e Bia. Acima de tudo, alérgicos ao convencional.

■ ■ ■

O ponto de partida já tinha ficado para trás havia algum tempo. O ponto de chegada ainda estava muito distante. Ao redor do carro velho que se arrastava na estrada de barro semi-intransitável, apenas árvores e céu. Foi aí que o motorista olhou pela primeira vez nos olhos de Bia. E três segundos foram suficientes para ela constatar o olhar de psicopata.

A empresária, ecologista, ex-dona de butique, jovem e decidida mulher carioca estava no meio do nada. E só então percebeu que ali não era como estar num táxi na Vieira Souto. Os códigos morais e legais que protegiam sua bravura na cidade grande não estavam escritos em lugar nenhum daquele canto de Brasil. E, se estivessem, não haveria quem os lesse.

A sós com o motorista bizarro, Bia começou a rezar.

Seu destino era Boca do Acre, pequena cidade na foz do rio Acre, mas já no estado do Amazonas. No aeroporto de Rio Branco, o tal motorista se apresentara como enviado de Paulo Semless:

— Sou Neném. Eu que vou te levar.

A estampa cascuda do sujeito deixava a certeza de que seu apelido era uma ironia. Melhor que não fosse também uma armadilha. Poderia ser enviado por Semless, ou poderia apenas ter pescado a informação no ar. A morena decidida (e atirada) não tinha a menor condição de saber se estava mesmo sendo levada para Boca do Acre, não sabia nem quanto durava a viagem.

Depois de um longo silêncio inicial, Neném se manifestou. Virou-se para a passageira, que viajava no banco a seu lado, levantou a camisa e começou a baixar a calça.

Baixou até uns três dedos sob o quadril e disse que tinha uma coisa para mostrar a ela:

— Tá vendo isso aqui? É um calo.

Neném apontava para o osso mais proeminente de seu quadril. O calo era visível, e o motorista vidrado tinha orgulho dele. Explicou que aquilo era calo de revólver. Andara com um enfiado ali durante cinco anos, enquanto procurava dia e noite um sujeito que fizera mal à sua irmã. Se a arma não estava mais ali, Bia imaginou que seu guia tivesse desistido da busca. Mas não era bem isso.

A busca tinha se encerrado com sucesso. O pecado contra a irmã de Neném já estava sendo pago sete palmos abaixo da floresta. O assassinato já não era recente, mas só agora o motorista ia conferir se tinha alguém no seu encalço para vingar o morto:

— Fiquei fugido do Acre um tempo. Tô voltando agorinha. Ou seja, além de estar indefesa ao alcance de Neném, a empresária carioca estava também na mira do provável algoz dele.

Ao final de sua narrativa pesada, o motorista olhou de novo nos olhos da passageira longamente, abandonando a visão da estrada, sem deixar de acelerar. O carro velho dançava no lamaçal, parecia não sair da pista por milagre. Com o olhar mais maníaco do que nunca, Neném arreganhou a bocarra e soltou uma gargalhada.

A situação era tão surrealista que Bia, sem parar de rezar mentalmente, decidiu começar a agir como se fosse tudo absolutamente normal. Se estava diante de um louco, talvez sua paralisia potencializasse aquela loucura. Lembrou-se de Alice no País das Maravilhas e seus diálogos comportadamente delirantes com os tipos bizarros do Reino de Copas. Seguiu essa linha e passou a interagir com Neném, do jeito que dava.

Deu certo. O motorista amazônico começou a parecer um pouco mais amistoso. Até que enfiou a mão no porta-luvas, catou uma fita cassete e pôs para tocar bem alto, avisando logo na introdução:

— Isso é um legítimo Raul Seixas.

Discorreu com razoável cultura e sensibilidade sobre o maluco beleza, como se não tivesse acabado de contar como caçou e matou um homem. Bia deu corda, encarnando Alice mais do que nunca. Enquanto a loucura estivesse naquela freqüência, estava ótimo.

A tarde começava a cair depois de seis horas de uma viagem que parecia interminável. O calor abafado, a umidade, a paisagem continuamente bela e opressiva, a prosa errante de Neném e o acúmulo de tensão e cansaço levavam-na a um estado psicológico muito especial. Não perdera a lucidez, mas era como se estivesse lentamente adentrando o País das Maravilhas.

De repente, a paisagem também pareceu mergulhar na atmosfera psicodélica. Uma sucessão de pequenas casas coloridas, bem pobres, algo entre vila e favela, misturando sobrados e palafitas, debruçava-se sobre um penhasco de onde se via um delta deslumbrante, que parecia ser um encontro entre dois rios colossais. Margeado pela floresta densa que quase pulava dentro d'água, o delta refletia o dourado do pôr-do-sol onde um punhado de golfinhos protagonizava a cena paradisíaca, algumas dezenas de metros abaixo do vilarejo feioso e fétido, onde o esgoto corria por entre os casebres e seu colorido desajeitado.

Tinham chegado a Boca do Acre.

Isso significava que Neném não era uma armadilha. Mas, cinco minutos depois de descer do carro e se despedir aliviada, Bia ficou em dúvida se ele existia mesmo. Não, o motorista bizarro não era uma miragem. Era um aviso. Assim como ele, a realidade amazônica ficava numa dimensão especial, alguns passos além da lógica.

Boca do Acre era só a boca da viagem. Ela se aprofundaria mesmo, chegando às raias do delírio, três meses depois na região do Juruá — um pouco mais a oeste do faroeste. A viagem alucinante com Neném acontecera em setembro de 1993. João Augusto também passara em Boca do Acre, célula inicial do couro vegetal. Mas seria em dezembro daquele ano que Bia receberia, de fato, o seu batismo amazônico. Na chegada ao Juruá, um feixe de emoções brutas — muito além do que fora buscar — mudaria sua vida para sempre.

Ainda durante a Rio-92, no auge da badalação em torno das bolsas originalíssimas que iam ajudar a salvar a Amazônia, o EcoMercado recebeu uma visita marcante. Bia estava em seu "aquário" no mezanino, administrando dezenas de contatos e ligações internacionais, quando adentrou o ambiente um índio forte, de voz mansa e olhar certeiro. Caminhou firme na direção dela, pediu licença, afastou os papéis e sentou-se sobre a sua mesa de trabalho. Disse que tinha algo muito importante a dizer.

Seu nome era Biraci Brasil, cacique do povo Yawanawá, habitante da região do rio Gregório, no Juruá. Seu povo tinha sido praticamente expulso de suas terras pelos donos de seringais na primeira metade do século XX. Depois de uma luta sem tréguas iniciada nos anos 70, os Yawanawá tinham tido suas terras demarcadas e estavam entre os primeiros seringueiros a conseguir viver libertos dos patrões seringalistas.

Índios seringueiros. Bia nunca tinha ouvido falar nisso. E o que mais a impressionava era que aquele índio, sem deixar de ser altamente fluente e articulado, era totalmente índio. Sua prosa em bom português nunca sentia falta das palavras certas, mas saía sempre com a economia e a contundência do líder, do cacique. Isso lhe dava um carisma bastante forte. A empresária-militante ficou hipnotizada com Biraci e sua história.

O índio seringueiro não se sentara sobre a mesa da jovem carioca para contar histórias. Ele tinha uma proposta. Ao se libertar da semi-escravidão e enxotar os patrões dos seringais, o povo Yawanawá estava tateando no escuro o caminho para o mercado da borracha. O mundo estava havia quatro anos cultuando o universo seringueiro de Chico Mendes, e os Yawanawá, autênticos guardiães das seringueiras, estavam à míngua.

Biraci Brasil queria produzir couro vegetal. Naquele belo e envolvente índio seringueiro, Bia tinha pela primeira vez, diante de si, o passaporte para a Amazônia real, sem intermediários. Era pegar ou largar.

Ela não largou, mas também não pegou. Àquela altura, suas já famosas bolsas da floresta ainda não tinham começado a derreter. O cacique a sensibilizou profundamente, mas a empresária verde já se sentia com um pé na Amazônia (embora estivesse distante de lá). O outro pé estava no Rio, a cabeça estava em Nova York e a boca disse a Biraci que "a gente se fala", em bom *carioquês*. Primeiro ela precisava atender o mundo, porque o seu couro vegetal *já* era um sucesso.

Uma semana depois, como um presságio, outro índio galgou o escritório flutuante do EcoMercado. Era ainda mais articulado, mais carismático e mais bonito que o primeiro. Apresentou-se brevemente, sentou-se diante de Bia, acendeu um cachimbo, deu algumas pitadas em silêncio e pronunciou as únicas palavras que se ouviriam dele naquele encontro:

— O que vocês estão fazendo é muito importante. Nós precisamos de vocês. Vocês precisam de nós. Eu quero te levar pro Acre.

O índio se retirou e deixou a empresária paralisada. Ela tinha tudo para receber aquele recado curto e meio invasivo como um surto de pretensão. Sem saber por que, no entanto, sentiu autoridade nas palavras do visitante. Sua gerente Fernanda, ocupante da mesa em frente, notou o abalo da chefe e perguntou-lhe o que achara do índio e de sua proposta. A resposta veio também com poucas palavras:

— Não sei. Mas se ele me mandar pular do 20º andar de olhos fechados, eu só vou perguntar o dia e a hora.

Tamanha devoção instantânea tinha explicação: Bia estava diante de um pajé. Um pajé discreto, quase minimalista, diferente dos pajés do folclore. Mas muito poderoso. Diante dele, em Brasília, o Congresso Nacional tinha se curvado.

Tratava-se de Ailton Krenak, o homem que mudara o status dos índios na Constituição de 1988. Ele roubara a cena na Assembléia Constituinte ao liderar um movimento indígena altamente estratégico e técnico, sem os apelos do grito, da borduna e da compaixão. Índio não queria mais apito, queria argumentos. E nesse terreno, vestido de terno e gravata, Krenak ganhou todas.

Ajudou a escrever na Constituição o princípio dos direitos indígenas aos seus territórios intactos — não mais as reservas fragmentadas que iam virando ilhas de sobrevivência. Da tribuna da Câmara, após um discurso sóbrio na língua dos brancos, trajado como um deputado, Krenak fez espocar todos os flashes ao lambuzar a mão num jarro de jenipapo e arrastá-la pelo rosto, com força, de um lado a outro. Pintava-se não mais para a guerra, mas para a vitória. A foto correu mundo.

Krenak também correu mundo. Ganhou o Prêmio Onassis de direitos sociais, impressionou vários países europeus com sua erudição amazônica e sua visão sofisticada da cultura indígena, levantou um bom dinheiro com institutos e fundações. E voltou ao Brasil para realizar um sonho meio louco — que fora louco até o dia em que o índio encontrou no Acre o mesmo sonho sendo sonhado por um seringueiro: Chico Mendes.

Juntos, Chico e Krenak criaram a Aliança dos Povos da Floresta, que juntava pela primeira vez índios e seringueiros em defesa da Amazônia (com um detalhe: até então, no Acre, esses dois povos eram inimigos e matavam uns aos outros, intrigados pelos coronéis da borracha). As reservas extrativistas de Chico e os territórios indígenas de Krenak eram idéias gêmeas. O movimento era, assim, basicamente uma injeção de inteligência e cultura na luta contra as queimadas e as motosserras.

Com esse tipo de arma os "donos" da Amazônia não contavam. A primeira providência tinha sido matar Chico Mendes. E Krenak também encontraria o seu calvário.

Após a morte de Chico, as portas começaram gradualmente a se fechar para o líder indígena no Acre. O prestígio crescente do astro da Constituinte incomodava, e sua influência passou a ser minada por uma ampla conjunção de forças que incluía a Igreja, seringueiros da região de Xapuri e até líderes indígenas de Rio Branco. Em pouco tempo, Krenak tinha prestígio, projetos e dinheiro, mas não tinha "base" para atuar. Estava imobilizado.

Mas não estava vencido. Decidiu marchar para oeste, e foi dar com os costados no Vale do Juruá — para lá do faroeste. E a saída do imobilismo começou no encontro com um homem troncudo, estatura média para baixa, rosto largo, narinas grandes e óculos pequenos, quase uma caricatura de Lampião. Txai Macêdo, o homem que herdara a bandeira de Chico Mendes onde a Amazônia era mais bela e exuberante, era o parceiro ideal para a ressurreição de Ailton Krenak.

Nos anos 70, quando Macêdo começou a atuar como sertanista, o Acre não tinha índios. Ou melhor: estava repleto de índios, mas nenhum era reconhecido como tal. A opressão era tamanha que os próprios Kaxinawá, Yawanawá e vários outros povos não se assumiam como indígenas. O Lampião do Juruá liderou a primeira grande caravana de índios até Brasília para uma reivindicação territorial e cultural, em 1980. Por causa disso fora perseguido e cassado pela Funai, mas não recuou. Assim como Krenak, Macêdo também fizera história na capital da República.

A dupla estava iniciando suas articulações no front do Juruá quando o cerco se fechou sobre o Txai, com a decretação forjada pelos "patrões" da sua prisão. Ambos se mandaram para o Rio de Janeiro, e enquanto Macêdo tirava Jane Fonda dos braços de Ted Turner, Krenak invadia o EcoMercado para fisgar os donos do couro vegetal. Era o teatro de operações da Rio-92 cumprindo a missão, imaginada lá atrás por João Augusto Fortes, de "juntar todo mundo".

Ailton Krenak não mandou Bia Saldanha pular do 20º andar, mas quase. À medida que, depois daquele encontro, ia ficando claro que o couro vegetal era uma boa idéia que se desmilingüia ao menor contato com a realidade, tudo mudou. Bia e João desceram das nuvens, pediram licença à Big Apple e foram procurar os caciques.

Biraci Brasil, altamente positivo, disse que os Yawanawá estavam prontos para erguer uma linha de montagem na floresta. Era só uma questão de combinarem o método e as cifras. Krenak foi um pouco mais longe. Propôs aos empreendedores cariocas uma espécie de batismo antropológico. À frente do seu Núcleo de Cultura Indígena, entidade criada por ele para expandir a ação vitoriosa na Constituinte, estava organizando, junto com a Embaixada da Áustria, a primeira Assembléia dos Povos Indígenas do Alto Juruá. Seriam selecionadas algumas vozes para apontar aos índios perspectivas para o futuro. Krenak queria que Bia fosse uma delas.

Era um salto no escuro sem rede. Mas a jovem empresária, como prometera à sua gerente, topou.

Além da sensação de estar assinando um cheque sem fundos, dois detalhes chamaram a sua atenção: ela seria a única mulher branca vinda do sul urbano no evento; e a longa viagem estava marcada para 12 de dezembro de 1993, seu aniversário de 30 anos.

Pensou primeiro em seu filho, Zé Roberto. Não seria fácil para ele a ausência da mãe num dia tão importante. Mas ele já estava com 9 anos, teria condições de compreender. Em segundo lugar, Bia pensou em Ricardo. Estava começando a sair com ele na época em que conhecera Chico Mendes, e nos anos seguintes mergulharia numa paixão profunda. Naquele final de 1993, continuava apaixonada, mas talvez tivesse que renunciar a tudo. Surgira outra pessoa na vida de Ricardo.

Ele era um fotógrafo premiado, um dos destaques da imprensa carioca, dez anos mais velho que ela. Bia fizera ao lado dele sua primeiríssima incursão à Amazônia, em 1989, no I Encontro dos Povos Indígenas no Xingu, em Altamira, no Pará. Na ocasião, a imprensa do mundo inteiro convergiu para o pequeno município à beira da Transamazônica, onde aconteceria a maior reunião de índios jamais vista, em protesto contra a construção da megabarragem de Cararaô (depois rebatizada de Belo Monte) no rio Xingu.

A comoção com a morte de Chico Mendes estava no ar, e Bia decidiu que tinha que estar lá. Ricardo ia cobrir o protesto para sua própria agência de fotografia. Na última hora, recebeu uma ligação de uma pessoa da organização do evento. Era uma jornalista brasileira a serviço da ONG internacional Amigos da Terra, uma das promotoras do encontro, e estava nervosa. Uma pessoa-chave da produção em Altamira não poderia mais estar lá, e precisavam de gente para ajudar. O fotógrafo indicou sua namorada.

Bia ligou para a Amigos da Terra, perguntando o que precisavam que ela fizesse em Altamira. A resposta da organizadora foi sincera:

— Basicamente, tudo.

O clima na cidade paraense era hostil. A população local queria desenvolvimento, progresso. Conseqüentemente, aquela grita ecológica contra a hidrelétrica deixou Altamira em pé de guerra. Em outras palavras, Bia não era bem-vinda. A sociedade "urbana" local estava pronta para enfrentar os invasores — índios, ambientalistas, padres, jornalistas ou o que fossem.

Mas Bia não era nada. Pelo menos no dicionário local. Chegou, começou de leve a assuntar aqui e ali sobre hospedagem, alimentação, transporte, comunicação etc., e praticamente não encontrou resistência. Aquela garota carioca de 25 anos, morena de praia, risonha e espontânea, sempre com jeito de quem está indo ali tomar um chope e já volta, não poderia representar perigo. Foi aí que os radares de Altamira se enganaram.

Índios, ambientalistas, padres, jornalistas e outras tribos foram chegando e se encaixando na infra-estrutura que a gatinha carioca distraída ajudara a montar. Ela tivera a noção exata, todo o tempo, de que não estava sendo levada a sério. Essa foi sua principal arma.

Mesmo que ela não quisesse, o "disfarce" valia para os dois lados. Os índios, por exemplo, tinham dificuldade de vê-la como uma organizadora. Numa operação em que pilotava um fusca velho com cinco Xavantes enormes espremidos lá dentro, das várias viagens do tipo que fez, a coisa quase desandou. Depois de se alimentarem ferozmente numa churrascaria, ao chegarem ao seu alojamento, um dos índios perguntou:

— Quem vai ficar com a muié?

Ricardo, que acabara de se juntar ao grupo para ajudar Bia, respondeu no idioma deles:

— A muié é minha muié.

O casal não era ciumento, mas não tinha vida muito fácil nesse departamento. Ambos eram sedutores, e Ricardo iniciara a relação com alguns rabos-de-saia remanescentes. Nesses jogos filosóficos de beira de cama, ele respondia que, melhor do que ter, era obter. Bia preferia ter. Desde que fosse ter muito. Seu coração era capaz de acumular paixões. E foi o que acabou acontecendo.

Ricardo era o grande amor, mas outros dois brotaram no mesmo terreno, ao mesmo tempo. Ela não escondeu, ele não se mandou. Tinha lá sua cota de liberdade também. Mas o fato era que, no fundo, nenhum dos dois queria dividir o outro com mais ninguém. E, naquele final de 1993, o fotógrafo decidira formalizar um caso com uma jornalista americana. Anunciou que ia morar com ela em Nova York.

Bia ficou desnorteada. E, naquela conjuntura, passar o aniversário de 30 anos sozinha, numa longa viagem para a Amazônia, era até coerente. Miseravelmente coerente.

Ela respirou fundo e aceitou o convite-desafio de Krenak. Com o coração apertado, mais uma vez iria em frente. Só faltava encontrar um discurso sublime capaz de convencer em bloco os índios da Amazônia. Só isso.

■ ■ ■

"Ô Teresinha! Ô Teresinha! É um barato a discoteca do Chacrinha!"

O velho refrão do programa de calouros da sua infância de vez em quando lhe vinha à cabeça. Mas não com a atmosfera de irreverência e escracho criada pelo primeiro grande animador de auditório da TV brasileira. Para Bia, ainda menina, a *Discoteca do Chacrinha* significou, antes de tudo, seu primeiro contato com a sensualidade.

Chamava sua atenção a figura de uma das chacretes, morena e muito rebolativa, cujo nome de guerra era Índia Potira. Daquela encenação de erotismo primário nascera seu primeiro ideal de mulher.

Mais de vinte anos depois, com toda a sua vivência rica e diversificada da estética feminina, a Índia Potira não era mais o ideal de mulher. Mas, dados todos os descontos, aquela identificação não desaparecera completamente. Havia algo da pureza selvagem daquela índia de auditório, da sensualidade bruta, do charme natural aflorado que permanecia entre seus valores femininos.

Dentro do avião rumo à floresta, no dia do seu aniversário, deixando para trás todos os brancos e indo sozinha para o meio dos índios, sentia-se, mais do que nunca, a própria Potira.

Na despedida de Ricardo, que dessa vez parecia ser a última, ele tentara amenizar a dor da separação, dizendo-lhe: "Quem sabe nessa viagem você não encontra o seu príncipe encantado?" Era difícil ouvir aquilo da pessoa amada. Mas ao longo da viagem a frase foi mudando de sentido para ela. E já na primeira escala, em São Paulo, o Acre começou a seduzi-la.

Junto com Ailton Krenak, entrou no avião outro índio, bastante forte, de cabelos muito longos e espírito radiante. Vestia um boné da marca Reebok. O tênis também era Reebok, e com um pouco mais de atenção notava-se que a mochila, o suéter e todo o seu vestuário eram daquela marca. Seu nome era Siã Kaxinawá, e o figurino tinha explicação. Ele estava chegando dos Estados Unidos, onde acabara de receber o Prêmio Reebok de direitos humanos.

Rio de Janeiro—São Paulo, São Paulo—Campo Grande, Campo Grande—Cuiabá, Cuiabá—Porto Velho, Porto Velho—Rio Branco, Rio Branco—Cruzeiro do Sul, Cruzeiro do Sul—Mâncio Lima. Bye, bye, Ipanema, bye, bye, Brasil. A escalada rumo ao norte, longa, penosa, na qual se entrava com 29 anos e se saía com 30, rasgava o mapa pelo ar em uma dúzia de pousos e decolagens até a última perna, cumprida no chão, numa boléia de caminhão. Prova dura para a coluna vertebral, para a cabeça e para o coração.

A "índia" carioca fizera todo o trajeto ao lado de Siã, um parceiro de viagem altamente articulado, altamente sedutor. A rigor, ela não entendia tudo o que ele dizia. Às vezes seu português era cristalino, às vezes parecia falar num dialeto incompreensível. Demorou um pouco a perceber que, quando a fala do índio enrolava, não era para entender. Era para presumir. Mais um gole da lógica amazônica.

Chegando ao município acreano de Mâncio Lima, no Vale do Juruá, os viajantes foram recebidos numa aldeia dos índios

Poyanawa, onde aconteceria a assembléia. A paisagem ali misturava floresta com campos livres, que alargavam o horizonte e aguçavam a sensação de amplidão. Além de escoltada pelos belos Krenak e Siã, Bia tinha à sua disposição na aldeia nada menos que os aposentos do cacique, Mário Poyanawa.

Parecia coisa de sonho, ainda mais porque, apesar da viagem extenuante, seu corpo estava inusitadamente descansado. E, apesar de estar a mais de 3 mil quilômetros do Rio de Janeiro, tinha a estranha impressão de estar chegando em casa. Não era possível, nunca estivera ali, nem em lugar parecido. De novo a Amazônia lhe trazia sensações surrealistas.

Diferente da viagem com Neném, no entanto, agora não havia angústia. Tudo era conforto e deslumbramento. Seu coração bateu forte quando notou que a saudade de Ricardo desaparecera de repente. E que um sentimento profundo, misturado à beleza dos índios, à majestade da floresta e à afinidade com o lugar, vinha dizer a ela que a sua vida recomeçava ali.

Era tarde da noite, mas a excitação não lhe permitia ter vontade de dormir. Por outro lado, a rede era confortável demais e convidava ao mergulho num sono profundo. Seus companheiros de viagem, junto com outros participantes que haviam chegado para a assembléia, inclusive os Ashaninka — índios mais altos e especialmente elegantes que a haviam impressionado bastante —, tinham sido acomodados na casa de farinha da aldeia. Mal terminara de aninhar-se na suíte presidencial dos Poyanawa, porém, Bia descobriu que não estava só.

Sem que ninguém percebesse, Siã tinha se desviado da casa de farinha e surgiu dentro da casa do cacique. Mais precisamente, sobre uma esteira criteriosamente colocada embaixo da rede da empresária carioca. Ele a queria.

O coração dela não estava fechado. A chegada ao Acre tinha aguçado todos os seus sentidos. Parecia estar amando profundamente tudo à sua volta, e não sabia bem o que fazer com aquele jorro de sentimento. Era como se cada índio, cada árvore, cada folha fosse um chamado romântico. Ao mesmo tempo, não era mais uma garota, estava numa viagem com objetivos importantes e bem definidos, e sabia dos riscos de diluir-se no primeiro deslumbramento. Deu boa-noite a Siã e recolheu-se em si mesma.

■ ■ ■

— Socorro, Krenak! Me ajuda, pelo amor de Deus!

O pedido suplicante foi em vão. Bia gritava, mas não era ouvida. Nem por Krenak, nem por ninguém. E não era ouvida por uma razão muito simples: o comando do grito não era atendido pela boca. Existia só em sua cabeça. A voz não saía.

Ela tinha tomado ayahuasca, bebida do Santo Daime preparada a partir do cozimento de um cipó e uma folha-rainha. Com os efeitos da bebida, misturados à atmosfera surrealista do lugar e à escuridão da floresta, ela tinha sido tomada por um medo cego, paralisante, como aqueles que só se sente na primeira infância. Estava aprisionada num transtorno mental profundo, a chamada *bad trip*.

Era a segunda vez que tomava ayahuasca. A primeira tinha sido em plena Rio-92, ou seja, na sua cidade, cercada de amigos, luzes urbanas e referências familiares de todo tipo. Tinha vomitado um pouco e entrado num leve transe, não muito mais intenso do que o da maconha. Alguns metros diante dela, entre os elementos que lhe pacificavam o espírito e garantiam a "viagem" tranqüila, estava o líder espiritual máximo do Tibete — o Dalai-Lama, em pessoa.

A presença da celebridade budista no Rio de Janeiro tinha sido mais uma obra de João Augusto Fortes. Como sempre acontece em eventos oficiais que têm a participação da China, o país anfitrião não convida o líder tibetano, que representa a resistência à ocupação chinesa do seu território. Depois de algumas tentativas frustradas de articulação com o governo brasileiro, João chegara a uma conclusão singela com seus companheiros de Salve a Amazônia e Pró-Rio: se o Dalai-Lama não seria convidado do Itamaraty, seria convidado deles mesmos.

"Eles" não eram filiados às Nações Unidas, não eram governo, não eram autoridade de espécie alguma. Mas tinham papel timbrado. Mandaram o fax "oficializando" o convite, não custava tentar. Sem rodeios ou questionamentos, o líder tibetano respondeu o fax. Ele vinha.

O grupo imediatamente espalhou a notícia por todas as mídias, deixando o Itamaraty numa sinuca calculada: se era um abacaxi convidar, agora seria outro abacaxi barrar. Restava ao governo brasileiro, no fim das contas, agir como se não tivesse nada com isso. Foi assim que o Dalai-Lama não só desembarcou no Rio, como se tornou uma das estrelas da conferência.

Para João Augusto e Bia, o encontro com o líder tibetano era mais um passo em direção ao Oriente. Em 1988, o empresário conhecera por acaso a Siddha Yoga, uma prática de meditação guiada por Gurumayi Chidvilasananda. Ficara magnetizado ao ver, em vídeo, a figura da jovem guru indiana. Saíra da sessão com a impressão de que algo se modificara em sua vida ali, naquele instante. Não era só impressão.

Dali em diante, sem grande esforço, começava a deixar para trás o cigarro, o álcool e uma ou outra droga mais pesada que já tinha usado. Na semana seguinte, ouviu falar pela primeira vez de Chico Mendes. Um mês depois estava lado a lado com o líder amazônico.

Uns dois anos mais tarde, por outras vias, Bia também viria a conhecer a Siddha Yoga, ainda antes de se aproximar de João. Nessa época, o empresário já era iniciado no movimento e fazia sua primeira viagem para conhecer pessoalmente a guru, na Índia. Além de abandonar os vícios, sua personalidade pragmática e razoavelmente materialista se transformara. Pouco depois da sessão em que se encantara com Gurumayi, ele se inscrevera num intensivo de meditação. Queria só ver como era aquilo. Na hora agá, porém, a coisa complicou.

Para começar, a posição sentado no chão com as pernas cruzadas junto ao corpo lhe era impossível. Mesmo assim insistiu, e procurou distrair-se da dor aguda nas pernas e nas costas. Concentrou-se no vídeo em que via o guru precursor, Nityananda, sentado na mesma posição que ele, com a cara mais tranqüila do mundo.

"Como pode ficar com essa cara de paz sentado desse jeito?", dizia João em pensamento. Enquanto tentava resistir àquela situação patética, resolveu brincar com o protocolo religioso, lançando um desafio ao guru: "Proponho uma troca", disse ele mentalmente a Nityananda, fingindo que o guru podia ouvi-lo. "Você me dá essa cara de paz, e eu te dou essa perna cansada."

Um guru tão elevado deveria ser capaz de fazer uma concessão tão singela. João ainda estava achando graça no seu passatempo psicológico quando se deu conta de que a perna parara de doer. Completamente. "Ih, deve ter ficado dormente", pensou. "Vou ter problemas sérios na hora de levantar." De qualquer forma, resolveu insistir em seu jogo e manteve os olhos fechados. Um minuto depois veio o aviso sobre o fim da sessão.

Não foi um alívio para o empresário. A essa altura ele se sentia muito bem. Só estranhou que a sessão de meditação fosse tão curta, pouco mais de dez minutos — boa para os que não sabem meditar, como ele.

Levantou-se com todo cuidado, para evitar um tombo com a perna totalmente adormecida. Para sua surpresa, porém, a perna estava ótima. Firme e sem dor alguma. Vai ver o guru o tinha atendido. Foi então consultar outro participante da sessão sobre a duração tão curta. Mal pôde acreditar na resposta:

— Dez minutos? A sessão durou uma hora! — disse o interlocutor rindo muito, ao constatar o que se passara com João: sem saber, ele entrara em meditação profunda.

A emoção de estar pessoalmente diante da guru era grande, mas um tanto diferente do que o discípulo imaginara. No *ashram* paradisíaco de Ganeshpuri, na Índia, Gurumayi parecia ainda mais carismática que nos vídeos, mas parecia mais humana também. Em lugar de uma figura etérea e silenciosa, distante como convém aos seres superiores, ela chamou João pelo nome e lhe fez algumas perguntas aparentemente prosaicas. Uma delas, ele não compreendeu bem:

— Quando vai ser o seu encontro com a Amazônia? — perguntou-lhe a guru, em inglês.

Ele tentou pensar rápido, e a primeira coisa que lhe ocorreu foi a conferência do meio ambiente no Rio, com a qual já estava envolvido. Respondeu-lhe que seria dali a pouco mais de um ano, em junho de 1992.

Gurumayi fez uma cara de "deixa pra lá", desistindo da conversa e passando ao próximo discípulo. Quando desembarcou de volta no Brasil, João recebeu um telefonema de uma dona de butique desiludida. Era Bia, ao lado de quem ele iria encontrar-se com a Amazônia.

O delírio da bebida amazônica combinado com a voz confortante do Dalai-Lama, na planície verde do Aterro do Flamengo, tinha dado a ela uma sensação de plenitude. Desde que conhecera Chico Mendes, nada a fizera sentir-se mais próxima da floresta do que a ayahuasca. E a presença do líder budista evocara imediatamente a figura de Gurumayi.

A Amazônia e o Oriente faziam esquina em algum ponto sutil da sua cabeça. Talvez aquele em que pernas doloridas se transformam em rostos tranqüilos, e em que a passagem do tempo desaparece. Vai ver não era cabeça, era alma.

João também sentira a mesma conexão oriental-amazônica ali no Aterro do Flamengo, no momento em que trazia o Dalai-Lama ao Rio e apresentava o couro vegetal ao mundo. Demorara algum tempo para perceber que o semblante de Chico Mendes — que conhecera imediatamente após conhecer Gurumayi — tinha um ar muito parecido com o do guru do vídeo, com aquela placidez profunda que parece sempre pronta a se desfazer numa gargalhada.

Um dia descobriria que aquele era um traço comum aos santos. E aos pajés. Ailton Krenak também trazia um astral desse tipo. Possivelmente fora o que tinha levado Bia a confiar tanto nele sem conhecê-lo. E era nessa confiança cega que ela se apoiava, tomada pelo pavor na escuridão da floresta, de olhos fechados, para acreditar que Krenak apareceria do nada para salvá-la.

Mas seus gritos de socorro continuavam silenciosos. Na aldeia Poyanawa, o transe com a ayahuasca estava bem mais forte do que no Aterro do Flamengo. Como nos pesadelos em que se tenta correr sem sair do lugar, sua voz não obedecia ao seu cérebro. Estava presa dentro de sua própria cabeça.

O encanto com a floresta transformara-se em terror. A mulher destemida estava subitamente arrependida do seu destemor. Atirara-se sozinha naquela viagem incerta, e agora estava longe demais da sua praia para nadar de volta.

No meio do torpor, o aperto que a angústia lhe causava no peito pareceu migrar para o crânio. Passou a sentir uma pressão intensa logo acima dos olhos, como se alguém apertasse fortemente a sua testa. A sensação de medo começou a se abrandar, ao mesmo tempo que um estado de calma invadia lentamente o seu corpo.

A pressão na testa aumentou, e ela abriu os olhos. Diante de si, surgido do nada, com o polegar cravado em sua testa e expressão plácida, estava Ailton Krenak.

Ele não lhe disse nada. Embora tomada de profunda gratidão, e sentindo que a voz voltara a lhe obedecer, ela também não dirigiu nenhuma palavra a ele. Não havia palavras à altura do que acabara de acontecer. Pelo visto, havia muitas coisas na Amazônia das quais as palavras não davam conta.

Saíram os dois caminhando juntos em direção ao Chapéu de Palha, espécie de taba onde se iniciava a Assembléia dos Povos Indígenas do Alto Juruá. Felizmente, o batismo de fogo da empresária carioca diante dos índios só aconteceria na tarde seguinte, dando-lhe algum tempo para a aterrissagem da *bad trip*.

Depois da intervenção de Krenak, o transe continuava, mas haviam desaparecido a angústia e o medo. Bia tinha a sensação de estar pairando uns dois metros acima do próprio corpo, e podia ver a si mesma "de fora", nitidamente, como se filmasse de uma grua a sua caminhada pela floresta.

Não era como o efeito do LSD. As coisas não mudavam de forma, apenas ficavam mais realçadas, parecendo até mais verdadeiras. Foi se acostumando com a visão externa de si, sentindo-se quase o seu próprio superego, e voltou a achar que "ela" estava no caminho certo, no lugar certo. Teve certeza de que tivera uma conexão telepática com Krenak, e isso era um sinal poderoso.

O sofrimento agudo por que acabara de passar devia ser parte da graduação na floresta, aquele Reino de Copas que existia para além da lógica. A aflição foi dando lugar de novo ao jato de amor, que girava 360 graus, mas que de repente parou num ponto.

Não era um índio, nem uma árvore, nem uma planta colorida. Era um branco. Um dos raros brancos naquela aldeia. Um homem de cabelos e barba muito compridos, forte e magro, ora parecendo uma figura doce, ora parecendo um ser rude. Bia nunca tivera sua religiosidade tão aflorada, e aquele personagem lhe remeteu à imagem de Cristo.

Devia ser mais um dos flashes da ayahuasca. Deixou seu caleidoscópio simplesmente continuar girando. Mas ele toda hora voltava para aquele quadro. E não era o Cristo que fazia seu coração bater. Era o homem.

O dia seguinte amanheceu como se Bia estivesse há um mês dentro da floresta. Assim seria, se o tempo fosse medido em volume de sensações. Com grande dificuldade, ela tentava formatar o discurso que faria para os índios, objetivo concreto da sua viagem. Tentou redigir um texto, ensaiou algumas introduções, mas o nervosismo e a torrente de sentimentos roubavam sua concentração a toda hora. "Dispersão é foda", diria ela mesma, como na reunião com outros caciques na casa de Gabeira.

Siã, o superstar Reebok, continuava a seu lado mais sedutor do que nunca, assim como o fascinante Krenak, os esculturais Ashaninka, os guerreiros Xavantes, o carismático Biraci Brasil, que a magnetizara desde o Rio de Janeiro, além do branco misterioso que parecia saído da Bíblia. Todos cercados pela exuberância de matas, aves e águas fartas, numa espécie de Disneylândia do espírito.

Foi Krenak quem interveio de novo, ao ver o coração da carioca voando que nem beija-flor, de mel em mel. Sentou-se diante dela, a sós, e ficou algum tempo em silêncio, enfiando fumo em seu cachimbo. Depois de algumas pitadas, que pareciam tornar sua expressão ainda mais grave, começou e encerrou a conversa com uma única observação:

— Bia, o problema da Amazônia são as paixões.

A frase atingiu-a como um bólido. Sentiu naquelas poucas palavras todo o peso da autoridade espiritual e política do líder indígena, que não estava ali a passeio. O homem que dominara o Congresso Nacional na Constituinte, que sabia o quanto a floresta era capaz de engolir os aventureiros com seus encantos e suas armadilhas, vinha lembrar que não fora buscá-la no Rio de Janeiro com um bilhete turístico. Estavam numa missão. E naquela trilha já vira parceiros ficarem pelo caminho, alguns tragicamente.

Bia captou profundamente o alerta de Krenak e pela primeira vez conseguiu concentrar-se na preparação de seu discurso. Afinal, ali estava a encruzilhada do couro vegetal — e a chance de levá-lo adiante, para além de um marketing bonito que se derretia ao sol de Ipanema.

À tarde, na mesa central do Chapéu de Palha, Bia enfim sentou-se diante dos povos da floresta. Estavam lá para ouvi-la representantes dos Kaxinawá, Yawanawá, Poyanawa, Ashaninka e Xavante, entre outros. Em vez de apresentar-se como Beatriz Saldanha, disse só seu apelido, buscando facilitar a comunicação com os índios. Mas a empatia acabou aí.

Ao iniciar a palestra, ela esqueceu tudo que tinha ensaiado. Foi em frente e falou do projeto do couro vegetal, da perspectiva da parceria entre os povos da floresta e empresários da cidade num negócio lucrativo para todos. Um discurso correto. Mas não convenceu nem a si mesma. Não só pelo seu próprio acanhamento naquele contexto, mas porque foi percebendo, à medida que falava aos índios, o quanto seu tema era secundário ali. Sua presença era um pouco a nota exótica do encontro, o enfeite da noite.

Mais uma vez, assim como na primeira ida à Amazônia, seu jeitão de gatinha carioca não inspirara apostas muito sérias. Mais uma vez, a Amazônia ia ter que rever seu diagnóstico.

■ ■ ■

A volta ao Rio de Janeiro, como não poderia deixar de ser, foi insólita. E não só pelos cumprimentos tardios por um aniversário que parecia não ter existido.

João Augusto tocava a pleno vapor a Amazon Vegetal Leather Company, enquanto o moderníssimo David Sadka, braço norte-americano da sociedade, acertava com a gigante Deja Shoes os detalhes do megalançamento dos calçados amazônicos, que se chamariam *seringeiro* (sem o *u*, para os gringos se sentirem falando português) e seriam um sucesso. Só faltavam as 20 mil lâminas de couro vegetal encomendadas, que precisavam ser confiáveis, e por isso Bia tinha se mandado para o Acre.

Ela tinha uma única certeza: acabara de transitar entre dois planetas diferentes. E já não dava para afirmar em qual dos dois a Rainha de Copas poderia gritar a qualquer momento: "Cortem-lhe a cabeça."

Havia duas alternativas: sentar e chorar ou continuar acelerando. Ela escolheu a segunda, até porque, àquela altura, o acelerador parecia ter ganhado vida própria. As coisas simplesmente iam acontecendo vertiginosamente em torno deles. E uma delas mudava tudo.

De uma candidatura despretensiosa num concurso de design no BNDES (Banco Nacional de Desenvolvimento Econômico e Social), a dupla recebeu outro tipo de resposta: o banco queria entrar no projeto do couro vegetal, investindo, de saída, o equivalente a 1 milhão de dólares.

Aquilo parecia uma loucura, e possivelmente era, mas faltava o louco para dizer "não" a uma proposta daquelas. Assim como fizeram com a Deja, João e Bia deram sinal verde ao BNDES. Enquanto sentavam-se para negociar com os banqueiros no Centro do Rio, tentavam concatenar Acre com Oregon, índios com empresários, matéria-prima com produto, enfim, desejo com realidade. Antes que aqueles dinheiros todos começassem a chover sobre o nada.

Para Bia, uma coisa era certa: precisava voltar o quanto antes para a Amazônia. Tinha que levantar à unha uma linha de montagem confiável entre índios e seringueiros do Acre. E tinha que cuidar do seu coração. Daquele festival de paixões possíveis, ela já sabia que uma se tornara inevitável.

# POPEYE, PROFESSOR PARDAL E LAMPIÃO

A caminhada nas estradas de seringa de Boca do Acre era longa e penosa para um ser urbano, mesmo com o bom domínio da respiração que a yoga dera a João Augusto Fortes. O mais penoso, contudo, era acompanhar aquele senhor de 84 anos, que puxava o ritmo do grupo e estava sempre alguns corpos à frente dos demais. Para agravar o escárnio, o velhinho ainda marchava cantando. E cantando bem.

O Dr. Massakazo Outa não era só o líder das andanças pela floresta. Era a esperança do couro vegetal da Amazônia. Paralelamente às tentativas empíricas de Paulo Semless de evitar que o produto se derretesse nas mãos dos clientes, João e Bia tinham decidido dar, por assim dizer, uma guinada industrial no processo. Agoniados com as cifras gigantes rondando um negócio que mal se punha de pé, pediram licença aos índios, seringueiros, ecologistas e simpatizantes, e saíram em busca de tecnologia.

Acabaram topando com o maior especialista do mundo em borracha nativa, consultor de gigantes como Goodyear, Pirelli e Michelin. O nissei de pouco mais de metro e meio de altura, bem magro, com uma voz bela e empostada que parecia saída de um corpanzil, já rodara o mundo todo em suas oito décadas e meia de existência, mas ainda tinha combustível para enfrentar as trilhas emaranhadas da Amazônia. Era, evidentemente, um profissional muito caro. Na verdade, àquela altura da vida e da carreira, não tinha preço.

Só aceitara o trabalho porque dez entre dez especialistas haviam dito aos empresários cariocas que a missão deles era inviável. Produzir dentro da floresta tropical, com meios parcos e umidade crônica, um artigo resistente e padronizado à base de borracha era impossível. Ignorando dez entre dez especialistas, o jovial Dr. Outa se apaixonou pelo desafio.

Mas, na chegada a Boca do Acre, as adversidades se mostraram maiores do que ele poderia imaginar — indo além do seu vasto conhecimento sobre a borracha. E eram prosaicas. O escritório-armazém do couro vegetal comandado por Paulo Semless, onde estava toda a matéria-prima e os seringueiros encarregados da produção, estava trancado e evacuado. Não havia viva alma para receber o sábio japonês e dar-lhe acesso ao produto.

Semless não concordara com a "guinada industrial" decidida por seus sócios. Tinha um compromisso pessoal, de certa maneira filosófico, com a forma artesanal da produção. Além disso, fora o idealizador da transformação do utensílio seringueiro em moda, e estava insatisfeito com um terço da sociedade. Achava que deveria ter metade. Explicou sua visão de forma clara aos parceiros, recorrendo a uma unanimidade nacional naquele ano de 1994:

— Olha, nesse nosso time, eu sou o Romário. Sou quem faz a diferença. Sou o único que não pode deixar de entrar em campo.

Ele queria dizer que, assim como Bia e João, outros empresários poderiam agenciar no mercado o produto criado por ele.

Os sócios não pensavam assim. Entendiam que tinham conceituado o produto, não só no nome, como na cara, no acabamento, no marketing e no investimento. Achavam que, sem eles, o couro vegetal não passaria de um artigo tosco e incógnito.

— Paulinho, se você é o Romário, nós somos o futebol. Sem a gente, você nem entra em campo.

Era um conflito típico de uma sociedade nascente que crescera de repente, mas a tensão começava a passar do ponto administrável. Com a contratação de um químico renomado para intervir na fórmula original do emborrachamento do tecido, a situação ferveu. João e o Dr. Outa viajaram para a Amazônia e bateram com a cara na porta. A divergência tinha virado guerra.

Com o boicote de Semless, nos confins de Boca do Acre, o empresário João Augusto Fortes tornava-se subitamente um menino perdido na tempestade. A armadilha primária vinha mostrar-lhe, ao vivo e em cores, a fragilidade de seu negócio. Ali estava ele, na fronteira do Acre com o Amazonas, com um cientista pago a peso de ouro, imobilizado na porta de um barracão.

João não vinha medindo esforços para virar a página da construção civil e tornar-se um dos primeiros ecoempresários brasileiros. O clã Fortes e sua mulher, Cristiane, apoiavam a atitude ousada. Mas não deixavam de acompanhá-la com certa apreensão. O empresário estava jogando seu patrimônio pessoal naquela empreitada, e ali já queimara mais de meio milhão de dólares.

Tinha feito sucesso com o EcoMercado e o lançamento do couro vegetal, mas as perspectivas de retorno financeiro ainda eram remotas. Dependendo de como andassem as coisas, podia estar prestes a deixar de ser um homem rico.

Conseguiu uma ligação para o Rio de Janeiro e relatou à sócia a enrascada. A internacionalíssima Amazon Vegetal

Leather Company estava empacada na porta de um galpão em Boca do Acre. Bia não teve dúvidas. Precisava não só encontrar alguém para abrir o escritório de Semless, como alguém para ocupar o lugar dele.

Ligou para um amigo que, mais do que conhecer a Amazônia, conhecia bem essa história de buscar saída para situações sem saída. Perfeito Fortuna criara o Circo Voador e fizera história na cultura carioca dos anos 80 tirando leite de pedra, patrocinado essencialmente por suas próprias criatividade e persistência. Perfeito atendeu o telefone e, claro, tinha a solução.

Apareceu no apartamento de Bia na rua Maria Angélica com Maurílio, um de seus amigos acreanos. Perfeito estava na primeira leva de cariocas que tinham se embrenhado no Acre para tomar o Santo Daime, e também aderira à causa indígena. Na Rio-92, fora o responsável pela acomodação dos índios na cidade, montando um acampamento anexo ao Circo Voador, e hospedara Ailton Krenak em sua casa.

Maurílio era um caboclo de olhos verdes, na verdade mineiro, da geração pioneira dos malucos-beleza que tinham ido desbravar a Amazônia ocidental em busca de ayahuasca. Ele entendeu o sufoco de Bia: um empreendimento amazônico cuja única conexão com a Amazônia estava prestes a cair.

— Não se preocupe. Você não vai precisar desistir do seu negócio. Eu já sei quem vai te ajudar.

Quando Maurílio terminou a frase, um estrondo ensurdecedor sacudiu o apartamento. Ninguém pensou que pudesse ser um trovão, tal a sua violência incomum. Em menos de trinta segundos desabava a maior tempestade já presenciada por Bia no Rio de Janeiro, com raios estalando na sua janela e a ladeira da Maria Angélica transformada em rio caudaloso. Não era uma tempestade carioca. Era uma tempestade amazônica.

Na mesma hora, em Boca do Acre, sem que tivesse havido mais nenhuma comunicação com o Rio, João foi abordado por um homem em frente ao armazém trancado. Ele vinha com uma chave na mão, e disse simplesmente:

— Eu vou te ajudar.

Era Hamilton, parceiro de Maurílio, com quem não tinha se comunicado, embora tudo estivesse acontecendo ao mesmo tempo. Hamilton trabalhara com Paulo Semless e tinha, na verdade, duas chaves na mão: a do armazém, que foi logo abrindo, e a da origem do couro vegetal. Ele conhecia o artesão que inspirara o trabalho de Semless. E estava disposto a levar João até ele.

O elo perdido era Wilson. Devia ser o único seringueiro branco da Amazônia. E muito branco. Diferentemente do seu povo, que tinha no sacrifício da extração do látex uma das poucas possibilidades de sustento, Wilson era seringueiro por opção.

Estava entre os lendários desbravadores do seringal Rio do Ouro no fim dos anos 70, que uma missão da Polícia Federal tentara capturar. Tinha acabado de acontecer o suicídio coletivo dos seguidores do guru americano Jim Jones, em 1978, na selva da Guiana, e as autoridades brasileiras julgaram que naquela região remota do Acre estava se formando uma seita suicida similar.

Os policiais partiram floresta adentro decididos a evitar a tragédia e prender todo mundo. Mas não era fácil chegar lá. Depois de 30 quilômetros de trilhas a partir da estrada entre Rio Branco e Boca do Acre, ainda restavam seis horas de caminhada dura pela mata fechada, repleta de obstáculos de difícil transposição. À medida que avançavam penosamente, os policiais iam tendo a dimensão da bravura das pessoas que haviam alcançado o Rio do Ouro e instalado suas vidas por lá.

A comunidade se reunira em torno do líder espiritualista Sebastião Mota de Melo, o Padrinho Sebastião, propagador da doutrina do Santo Daime. Mas nem todos os discípulos tinham chegado lá numa busca religiosa. Wilson, por exemplo, era um estudante de administração de empresas em São Paulo que trancara matrícula para dar uma volta pelo Brasil com uma mochila nas costas.

A bagagem era basicamente alguns livros de Carlos Castaneda, o guru de *A erva do diabo*, além de uma dúvida: não sabia se queria ir para o meio do mar, ou para o meio do mato. A única certeza, naquele momento, era o que não queria: estudar.

Depois de muito rodar ao som de Janis Joplin, muito namorar ao som de Elis Regina, muito plantar e consumir ervas mais ou menos diabólicas, Wilson decidiu parar para criar raízes. Só não sabia onde. De preferência, um lugar onde nenhum homem havia pisado antes. Nas montanhas peruanas devia ter algum local virgem, pensou, e se mandou com a mochila naquela direção.

No meio do caminho havia o Acre, a ayahuasca e muita floresta virgem. Ficou por lá. Conheceu mateiros, os homens que abrem caminho por terras inexploradas, e se tornou toqueiro, aquele que passa à frente do mateiro para receber as boas-vindas das onças. No Rio do Ouro mata adentro, fincou bandeiras em terras de ninguém. Realizou seu sonho de astronauta florestal.

Ao chegarem ao destino de sua missão, os homens da PF pareciam mortos-vivos, sem a menor condição de prender nem um macaco-prego. Foram recebidos com festa pela comunidade exilada, que lhes prestou os primeiros socorros e lhes deu de comer e beber. No dia seguinte, recuperados, deram por encerrada sua operação. Tinham constatado que ali não havia ninguém com a menor cara de que ia se matar.

Além de atuar na caça, na pesca e nas fundações de um povoado onde não havia nada, Wilson mergulhou no artesanato. Passou a buscar formas mais trabalhadas para alguns utensílios tradicionais dos seringueiros, como o saco de algodão emborrachado. Carregando uma dessas bolsas, cruzou com Paulo Semless em Boca do Acre. Passaram a trocar idéias sobre o produto, e viram que na cidade ele podia valer o equivalente a 50 quilos de borracha bruta saída do seringal.

Wilson pensou artesanalmente, e seguiu fazendo unidade por unidade para subsistência. Semless pensou comercialmente, e foi para o Rio de Janeiro. Não queria ser hippie, queria ser empresa. Algumas voltas do mundo depois, a empresa retornava, sem Semless, para bater na porta de Wilson.

João Augusto procurou o desbravador do Rio do Ouro com algo mais do que um megacliente norte-americano e 1 milhão de dólares do BNDES. Trazia também uma fórmula industrial, simples e sofisticada — já com patente requerida ao Instituto Nacional de Propriedade Industrial (INPI) —, criada pelo mago da borracha, o imbatível Dr. Outa. Com a porta do armazém aberta por Hamilton, o cientista lépido de 84 anos debruçara-se sobre o couro vegetal e montara seu laboratório particular em Boca do Acre.

O primeiro diagnóstico do especialista parecia um fim de linha. Depois das avaliações iniciais, ele explicou que não se fazia nada com borracha sem vulcanização. João foi logo avisando que, se fosse para tirar o processo produtivo de dentro da floresta, jogariam a toalha. Não fazia sentido deixar para os índios e seringueiros só a extração do látex. A essência do projeto era justamente que os habitantes da floresta multiplicassem sua renda entregando um produto elaborado, ou seja, a lâmina de couro vegetal pronta.

Aí entrou a perícia do Dr. Outa: se o látex não podia ir à fábrica, a fábrica iria ao látex.

Depois de uma série paciente de tentativas e erros, com muita andança entre Acre, Rio e São Paulo, surgiu o que ninguém cogitara: uma fórmula de vulcanização artesanal. Logo após extraído da seringueira, o látex receberia uma solução química à base de enxofre, com elementos conservantes e estabilizantes para evitar que o leite coalhasse, devendo ser em seguida submetido à defumação a 120 graus centígrados.

Todas as instruções sobre o uso da fórmula, proporção de adição ao látex, tempo de exposição ao calor e demais passos do processo tinham que ser transmitidos de forma muito especial pelo cientista aos homens da floresta. Como o índice de analfabetismo entre eles era próximo de 100%, o processo "industrial" tinha que ser transmitido todo oralmente. Teria a ajuda de símbolos de linguagem que permitissem a índios e seringueiros memorizá-lo e retransmiti-lo, sem alterar o padrão do produto. Uma espécie de método Paulo Freire de vulcanização.

Os primeiros testes com a nova fórmula foram um sucesso. Evidentemente, o acompanhamento completo da evolução do produto levaria mais de um ano, e haveria ajustes a fazer no processo. Mas as primeiras semanas já mostravam um novo couro vegetal, pronto para ser usado no dia-a-dia sem melar a mão dos usuários e a reputação de Bia e João. Era o milagre do Dr. Outa.

Se o cientista miúdo e inventivo lembrava o Professor Pardal, Wilson era uma espécie de Popeye. Queixudo, magro e com antebraços bem fortes, tinha obsessão pelas invenções da manufatura. As novas possibilidades abertas pela vulcanização artesanal do produto com o qual vinha fazendo experiências havia tanto tempo o fisgaram em cheio. Além disso, era um seringueiro. Poderia como ninguém mobilizar os homens da floresta e transmitir, na língua deles, os truques daquela indústria de pés no chão.

A conjunção do Professor Pardal com o Popeye abria uma nova fronteira para o sonho de João Augusto Fortes e Bia Saldanha.

E não era só. Na fábula do couro vegetal, Popeye teria a ajuda de Lampião. Desde a Rio-92, quando deu de cara com aquele produto fashion saído da floresta, Txai Macêdo decidira que seu caminho iria se cruzar com o de Bia e João. Só não sabia quem eram eles, e voltou para o Acre sem saber. Até que um ano e meio depois deu de cara com Bia em pleno Vale do Juruá, na aldeia Poyanawa.

Macêdo estava na fatídica assembléia indígena. E embora a empresária tivesse saído de lá se sentindo mais uma vez uma moçoila carioca desimportante, ele gostara do recado dela. E disse isso a Ailton Krenak.

O mais político dos pajés, Krenak captou a oportunidade no ar. Macêdo era peça fundamental na Aliança dos Povos da Floresta, e, embora tivesse conseguido sustar aquele pedido de prisão, continuava perseguido pelos inimigos de Chico Mendes. Percorrer o Juruá como missionário do couro vegetal fortaleceria sua liderança na região, especialmente propagando um projeto que poderia melhorar a vida dos índios-seringueiros.

Para Bia e João, pelo outro lado, Macêdo representava a possibilidade rara de montarem uma base realmente sólida de produção na floresta. Um homem articulado e carismático, ao mesmo tempo sertanista e seringueiro — com boas chances de ampliar entre vários povos indígenas o trabalho que Wilson começaria com os seringueiros de Boca do Acre.

Krenak fez a costura entre Macêdo e os empresários cariocas. Incorporando as lideranças de Wilson e também dos caciques Siã Kaxinawá e Biraci Yawanawá, dali saiu o primeiro plano de "linha de montagem" do couro vegetal com os povos da floresta. O sonho de João e Bia perdia seu sotaque de Ipanema para fincar-se, de verdade, na Amazônia.

■■■

Os tempos amazônicos, definitivamente, não batiam com os tempos do Rio e de Nova York. No início de 1994, a Deja Shoes preparava a toque de caixa o lançamento das botas *seringeiro* numa imponente feira em Las Vegas. Mas a cruzada de Macêdo e Wilson, supervisionada por Krenak e Bia, para espalhar pela floresta a fórmula do Dr. Outa, o conceito do produto e toda a monumental logística de produção estava só começando. E precisava de muito mais dinheiro do que os empresários cariocas já tinham alocado.

Era preciso correr com a parceria com o BNDES. Pelo menos uma fatia daquele milhão de dólares precisaria ser despejada imediatamente no front do Acre. O contrato proposto era complexo, e João e Bia tentavam compreendê-lo da melhor forma com a ajuda de assessores formais e informais. Entre esses estava o pai dela, Itamar Tavares, advogado bem-sucedido e especialista em Direito Corporativo. Cristiane, mulher de João, era psicanalista, mas tinha enorme senso prático e bom feeling para questões administrativas. Ela também leu a minuta do BNDES. E ficou preocupada.

O negócio seria feito com a holding do banco encarregada das participações em empresas, a BNDESpar. Ao contrário do que estavam imaginando, a parceria não seria exatamente em forma de sociedade. Ao aportar aquele 1 milhão, a BNDESpar ficaria com debêntures nesse valor — papéis que poderiam ser convertidos em ações, se o negócio fosse bem.

Se não fosse bem, o banco virava simplesmente credor da dupla. Com um detalhe: não exigia em garantia nenhum bem patrimonial, ou aval da direção da empresa. Quem afiançaria o negócio seriam os próprios João e Bia, pessoas físicas — só com CPF, cara e coragem.

Objetiva, Cristiane foi direto ao ponto: se o couro vegetal não fosse um sucesso, João Augusto teria que tirar do bolso uma quantia milionária (se é que ainda a teria) para salvar seu nome na praça. Já não era nem mais uma questão de manter-se ou não no clube dos ricos. Acabara de nascer sua caçula de quatro filhos (Manuel e Alice, do primeiro casamento, André e Antonia, com Cristiane), quatro bocas não só para comer, mas para falar inglês, francês e demais exigências do seu padrão social. João assegurou que não poria a família em risco, mas sua mulher não ficou tranqüila.

Algum tempo antes, Cristiane se oferecera para ajudar no negócio do couro vegetal. Estava insegura com a forma como o marido se atirara naquela empreitada, mas também vibrava com a beleza do projeto e as chances de sucesso. Sempre metódica e ponderada, dessa vez a psicanalista radicalizou. Decidiu que queria fechar seu consultório e assumir formalmente um cargo de direção na Couro Vegetal da Amazônia. João também não assimilou bem aquele impulso, mas concedeu.

Depois de passar por todos os trancos e barrancos, as tratativas com o BNDES chegaram ao momento do acerto final sem grandes alterações. João e Bia tinham topado o risco. Mesmo assim, isso não resolvia o problema imediato do projeto.

Ficaram sabendo que a liberação da primeira parcela do investimento só sairia em três meses. A expedição para estruturar a linha de montagem na floresta precisava do dinheiro para ontem. João não recuou de sua aposta. Recorreu de novo à poupança familiar.

Dessa vez, foi bater na porta de seu pai, o construtor João Fortes. Não seria uma conversa comum. O filho vinha gradualmente reduzindo sua presença na João Fortes Engenharia, mergulhando no seu próprio negócio distante da construção civil. Não havia deslealdade em jogo, mas no mínimo uma diferença de credos. E a família vinha acompanhando o quanto o EcoMercado e o couro vegetal vinham consumindo as economias de João.

Antes do pedido, o patriarca ouviu uma pergunta franca do filho:

— Papai, você acha que isso que eu estou fazendo é legal ou é uma furada?

O lendário João Fortes nunca fizera juízo de valor sobre a nova escolha do filho. Mas agora João, deliberadamente, abria a guarda para ouvir um veto.

— Meu filho, quando eu comecei a João Fortes Engenharia nos anos 50, o legal era fazer prédio em Copacabana. Hoje eu não faria mais isso. Talvez o futuro mostre que o legal hoje é o que você está fazendo.

Ao seu jeito, o velho lobo-do-mar de concreto recusava o papel de juiz do certo e do errado. Mas estava pagando para ver. Literalmente. João saiu do encontro com 300 mil dólares no bolso para acionar sua engrenagem amazônica.

A mobilização crescente daquelas altas cifras familiares em direção ao econegócio de João Augusto alimentava o mal-estar com Cristiane. O projeto de ampliar a casa em Petrópolis ia ficando para depois, assim como as viagens de férias e outros planos do casal. Por outro lado, a entrada formal dela na nova empresa abria a chance de uma aproximação maior com as escolhas do marido.

Uma equipe da Deja, o megacliente do Oregon, chegara ao Brasil para conhecer o trabalho que se iniciava na Amazônia, e ficou decidido que Cristiane os acompanharia na incursão ao Acre. Encontraram-se todos em São Paulo, onde João e Bia tinham ido acertar sua associação com o Núcleo de Cultura Indígena de Ailton Krenak, sediado na capital paulista.

À noite, num jantar, o vice-presidente da Deja, o antropólogo grego Bob Farentinos, sujeito moderno e envolvente, convidou Bia a conhecer os preparativos do lançamento das botas de couro vegetal em Las Vegas. Ela se entusiasmou. Mas dali sairia mais uma fagulha na tensão entre o casal Fortes.

Na chegada ao hotel, Cristiane disse a João, muito contrariada, que ele não deveria bancar a ida de Bia aos Estados Unidos. Discordava frontalmente daquele tipo de despesa, especialmente na situação financeira delicada em que se encontravam. Cobrou dele uma resposta imediata, um compromisso de que não pagaria aquela viagem. Ele não se comprometeu. Disse que ainda ia avaliar o assunto.

Ela foi dormir sem dizer mais nada. O vôo para o Acre com a equipe da Deja saía na manhã seguinte. Cristiane levantou-se muda e embarcou sem se despedir do marido. Não voltaria mais. Ao final da missão no Acre, informou a João que estava de mudança para o Oregon. Ia viver com Bob Farentinos. E estava levando as crianças.

■ ■ ■

Por um minuto, a guru tirou sua atenção dos discípulos que se concentravam diante dela no *ashram* da Índia e conectou-se mentalmente com o Brasil. No templo da Siddha Yoga em Ganeshpuri, Gurumayi acabara de receber, por um mensageiro, o apelo de João Augusto Fortes.

No momento em que a vida lhe exigia ser mais dinâmico, ele estava paralisado. Amazônia, BNDES, Rio, Nova York, trabalho, vida — não conseguia avançar nem recuar em direção alguma. Nem para brigar, nem para se entregar. Era como se sua cabeça lhe dissesse: bem-vindo ao vazio, ao buraco negro das almas. Desligou os canais com o mundo, submergiu. Um dia a feição serena do guru o fizera saltar sobre a dor das pernas cruzadas. Precisava agora de um remédio daqueles para coração esmigalhado.

Só que não havia, dessa vez, nível de meditação ou abstração que fizesse a dor parar de doer. Colocou para tocar quase ininterruptamente a Guru Gita, o longo mantra central da Siddha Yoga. Fixou-se nas imagens de Gurumayi que tinha em casa. Era pouco. Precisava de uma palavra dela.

Mas não é assim, não se pega um telefone e se liga para o guru. É uma aproximação litúrgica, cercada de rituais e critérios muito especiais. O problema era que ele não podia esperar por liturgia nenhuma. Estava capitulando. Ligou para a Índia, falou com uma pessoa que estava próxima do *ashram* e ditou uma pergunta para Gurumayi.

Era uma tentativa. Sabia que não existia um disque-guru, um canal de respostas transcendentais via satélite. Mas também estava certo de que sua pergunta não seria ignorada pela grande líder.

A resposta veio num telefonema da mensageira no dia seguinte. Ela informava que a guru ouvira a pergunta com atenção e se concentrara totalmente nela, ficando algum tempo em silêncio, com o olhar atravessando o enorme pátio rumo ao horizonte. João perguntara simplesmente se deveria lutar por seu casamento. E para ficar com seus filhos. Gurumayi devolveu-lhe uma mensagem sintética:

— Não se luta por isso.

Ele desligou o telefone e voltou à vida. Entendeu que seu casamento não acabara por uma manobra de Cristiane. Apenas acabara. Respeitou o sentimento dela e compreendeu que, para os filhos de 5 e 1 ano de idade, o melhor era ir com a mãe para os Estados Unidos. Assinou a autorização para a viagem das crianças e desejou-lhes boa sorte.

As coisas tinham mudado rápido para João. A casa estava vazia, sem a mulher e os filhos. O dinheiro também estava, em boa medida, indo embora. O cargo de diretor da João Fortes Engenharia não existia mais — ele acabara de entregá-lo. A mensagem de Gurumayi para o ano de 1994 era: "Tudo acontece para o melhor." Estava um pouco difícil acreditar nela naquele momento. E ficaria ainda mais difícil com o choque entre ele e Bia.

A separação abrupta do casal Fortes reverberou na diretoria do BNDES. Cristiane também era parte do contrato, que portanto, na forma em que estava estruturado, dependeria de sua assinatura. Era inevitável que a comoção com a situação abalasse o negócio. Para o pessoal do banco, era tempestade à vista.

Mas o tempo não fechou. João tratou de informar que o que acontecera na sua vida pessoal não tinha nada a ver com a negociação entre eles. Não permitiria que uma coisa interferisse na outra. Um gesto difícil, firme, com o qual conquistou todos os envolvidos.

A sociedade com Paulo Semless, que entrara em curto, era outra promessa de confusão naquele momento decisivo. Mas essa também não se confirmou. Apesar dos rosnados anteriores, as partes chegaram a um acordo de alto nível, culminando num destrato sem tentativas de represália. Em se tratando de Amazônia, porém, céu azul nunca é garantia de tempo bom. Num relance, a tempestade se forma e desaba. E desabou justamente do único lado em que o tempo sempre estivera firme.

Bia e João eram almas gêmeas no trabalho. Ambos misturavam, em doses muito parecidas, idealismo e ousadia, criatividade e fé. E nenhum dos dois achava pecado ganhar dinheiro. Aliás, gostavam muito. Com sua simplicidade erudita, Chico Mendes já liberara a ecologia das culpas marxistas: a saída para a floresta passava pelo mercado. E, depois das crises iniciais, o couro vegetal agora prometia deslanchar.

Era chegada a hora, portanto, de fazer da preservação da Amazônia um grande negócio. E as projeções fantásticas do BNDES para a Couro Vegetal da Amazônia S.A. acabaram fazendo João e Bia olharem para seus percentuais com outros olhos — não gananciosos, mas certamente mais meticulosos.

Pela proposta do banco, quando as debêntures no valor de 1 milhão de dólares fossem convertidas em ações da Couro Vegetal, isso representaria 18% da empresa (o que dava a ela um formidável valor inicial). Aí a dupla se enrolou na partilha do restante. Até então, só o dinheiro de João movera o negócio. Agora que preparavam o seu primeiro salto financeiro, era a sua hora de reaver o capital empatado com os devidos dividendos.

A proposta do empresário era dividir meio a meio com a sócia uma cota de 30% das ações, quando o BNDES formalizasse os seus 18%. Os outros 52% caberiam a ele, como acionista individual. Ela gritou.

Sem o investimento dele não teriam feito nada, estava certo, mas a concepção e a estruturação do negócio eram uma obra a quatro mãos. E argumentava que as duas mãos executivas eram as dela, enquanto ele teria se ocupado mais das articulações. Tinham, enfim, entrado no terreno escorregadio da medição de impressões digitais, como um casal que disputa quem amou mais o parceiro.

Mas a discussão era sobre divisão do capital — e o argumento do capital, numa lógica fria, estava do lado de João. Ele não cedeu.

A temperatura subiu e as famílias de ambos entraram no ringue. O pai de Bia, advogado, despejou alegações sobre o valor do trabalho e da criação na quantificação de uma sociedade. Os Fortes reagiam sustentando que capital era capital e não era o caso de tentarem reinventar a roda. Bia se cansou da arenga e foi dizer ao sócio que estava jogando a toalha:

— Se quiser fazer sozinho, tudo bem. Vai em frente. Aliás, quem quiser assumir isso e me liberar dessa cruz, tá ótimo. Paga a minha conta e vou-me embora. Estou tomando o meu rumo.

Dessa vez, quem disse não foi o BNDES. Curto e grosso, informava que sem um dos dois sócios, identificados pelo banco como imprescindíveis ao projeto idealizado por ambos, o negócio estaria cancelado.

Na guerrilha de percentuais, João e Bia deixaram claro que podiam prescindir um do outro. Mas isso era exatamente o contrário do que sentiam. E, depois de um caminho de tanta cumplicidade e sintonia fina, a reconciliação nascia de um veto técnico da burocracia estatal. O velho BNDES tinha o seu instante de cupido.

Na salada de números e cálculos não necessariamente decifráveis, saiu do forno do banco uma nova sopa de letrinhas: a cota meio a meio ficaria em 50% das ações, e João ficaria individualmente com 32%. Ninguém discutiu mais o quanto cada percentual desses continha de capital, trabalho, boa vontade e brilho nos olhos. Assinaram e brindaram ao encontro com a Amazônia, previsto pela guru.

Naquele momento, em dificuldades financeiras, o EcoMercado começava a ir para o mesmo lugar onde estavam a Cores Vivas, Ricardo, Cristiane, a João Fortes Engenharia e outras referências cruciais das vidas de Bia e João: o passado. Restava-lhes o sonho amazônico para provar que tudo acontece para o melhor.

# MORTE E VIDA NO BATELÃO

A torre de controle em Brasília recebeu um chamado do vôo Tavaj Rio Branco—Cruzeiro do Sul. Havia um problema a bordo. O problema se chamava Bia Saldanha.

A passageira desafivelara seu cinto, levantara-se de sua poltrona e entrara na cabine de comando. Estava exigindo que o piloto fizesse um pouso na cidade de Tarauacá, localizada no meio da rota. O comandante pediu-lhe que se acalmasse e retornasse ao seu assento. Mas ela não obedeceu.

Quatro meses depois da assembléia na aldeia Poyanawa, em abril de 1994, Bia voltava à floresta tropical. Agora não era mais uma visita. Era um mergulho. Passaria dois meses percorrendo as matas do Acre, numa das regiões onde a Amazônia é mais bela e densa — o Vale do Juruá. Era a fase inicial da implantação da linha de montagem do couro vegetal.

O plano traçado com João Augusto, Krenak, Macêdo, Wilson, Siã, Biraci, Dr. Outa e companhia, costurando os conhecimentos e articulações dos povos da floresta com a estratégia e o dinheiro dos povos do Rio de Janeiro, estava entrando em campo. No início da viagem, porém, Bia tinha uma missão.

Levava uma peça de motor de barco para um grupo de antropólogos e índios aliados, que estavam em viagem pela região do Juruá. Tinham ficado presos numa enchente em Tarauacá. Sem nenhuma possibilidade de deslocamento por terra, contavam com ela para consertar sua embarcação e prosseguir em sua expedição por terras indígenas.

No grupo estava o cabeludo enigmático que lembrara a ela Jesus Cristo na assembléia de dezembro. Aquela figura rude, doce, bíblica não lhe saíra da cabeça. Bia precisava entregar a peça de barco para a expedição indígena — e precisava rever o homem branco.

A passagem que comprara da capital do Acre para Cruzeiro do Sul, no extremo oposto do estado, era a única que previa uma escala em Tarauacá. Pouco antes da partida, o painel do aeroporto informou que o vôo estava cancelado. O motivo era excesso de chuva. A carioca imaginou que, se dependesse daquele motivo, estando onde estavam, o avião podia não decolar nunca mais. E o pior é que não tinha como se comunicar com o grupo que a esperava ilhado.

Com quase um dia de atraso, seu vôo finalmente partiu. E na primeira comunicação aos passageiros, o comandante informou:

— Senhores passageiros, nosso tempo de vôo até Cruzeiro do Sul será de aproximadamente 50 minutos. Confirmo que hoje, excepcionalmente, não faremos escala na cidade de Tarauacá. O tempo em Cruzeiro está bom, com temperatura de...

Bia não acreditou no que ouvia. Antes que o comandante terminasse o seu comunicado ela já estava em pé diante dele, transtornada:

— O que houve, meu senhor? Como assim, não vai ter escala "excepcionalmente"?

— O destino da senhora é Tarauacá? — perguntou o piloto.

— Não, é Cruzeiro do Sul.

— Pois é. Nesse vôo não há nenhum passageiro indo para Tarauacá. E lá também não há ninguém para embarcar. Por isso o vôo vai ser direto.

— Mas eu tenho que parar em Tarauacá. Estou levando uma encomenda importante, pessoas estão esperando por mim lá.

— Sinto muito, minha senhora. Isso é Brasília. O plano de vôo já foi alterado, está lá com a torre, não há nada que eu possa fazer.

— Pois então você avise a Brasília que eu vou descer em Tarauacá. Avise a Brasília que eu só comprei passagem nesse avião porque ele desce em Tarauacá. E ninguém me disse "excepcionalmente" nada. Portanto, Brasília vai entender que o único plano de vôo possível pra essa aeronave é um que faça escala em Tarauacá.

A essa altura, o som do diálogo já tinha se elevado razoavelmente, o suficiente para a percepção geral de que havia um problema a bordo. Sem saber bem o que fazer com aquela passageira indócil, o comandante resolveu empurrar o problema para a torre de controle. Assim tinha a chance de que ela concordasse em voltar para sua poltrona, ao menos enquanto a situação se resolvia. De quebra, entre outras coisas, ele poderia pilotar o avião.

Bia se retirou, deixando claro que, na falta de novas informações, voltaria a invadir a cabine.

Cinco minutos depois, novo comunicado pelo sistema de som do avião:

— Senhores passageiros, fala o comandante. Gostaria de informar que, por decisão da torre de controle em Brasília, faremos uma alteração em nosso plano de vôo. Dentro de 30 minutos estaremos pousando no aeroporto de Tarauacá.

Mal o avião concluiu sua aterrissagem, Bia identificou o grupo que a esperava. Eles não só estavam no aeroporto, como tinham adentrado a pista de pouso. Enquanto ela descia a escada com a peça do barco, três homens se destacaram do grupo e foram em sua direção. Eram dois antropólogos e um índio, que se apresentaram como três reis magos e lhe entregaram oferendas locais, justificando o gesto:

— O couro vegetal é o novo testamento da borracha. E Jesus é mulher.

Estática diante daqueles personagens exóticos, no meio de uma pista de aeroporto na Amazônia, ao lado de um avião que pousara ali só para ela descer, Bia tentava decifrar aquelas palavras inesperadas quando os "reis magos" explodiram numa gargalhada. Parecia incrível, mas depois de toda a ginástica para chegar ali com a tal peça de barco, seus parceiros estavam gozando com a cara dela.

Estavam e não estavam. A peça do barco foi recebida com emoção, uma emoção que ultrapassava a mera solução do problema de transporte. Depois da troca de presentes, se abraçaram calorosamente. Com delicadeza, o piloto se aproximou para avisar que precisavam decolar para Cruzeiro do Sul. Curiosamente, os demais passageiros do avião não demonstravam irritação ou impaciência com aquela escala para uma pessoa só. Alguns até desceram à pista para observar o encontro que mudara os planos da torre de controle. Um encontro que não podia durar mais do que um instante, mas que parecia conter, pela sua intensidade, a promessa de uma longa história.

Talvez não um novo testamento da borracha, como na galhofa dos "reis magos". Mas possivelmente um cruzamento de vidas com conseqüências profundas, amazônicas — o lado sério da "profecia".

Um dos reis magos de Tarauacá era o cabeludo que a empresária carioca queria rever, sem saber direito por quê. Depois da primeira visão que tivera dele ao lado de Krenak, na assembléia indígena, voltara a encontrá-lo na noite seguinte. Em torno de uma grande fogueira na aldeia Poyanawa, reuniu-se um grupo seleto dos participantes do evento, que Bia identificou como uma espécie de família daquele movimento de povos da floresta. Um momento em que o tom grave das discussões deu lugar a um clima altamente sedutor, com muita música, dança e bebida.

O "Jesus Cristo" era antropólogo. Chamava-se Marcelo Piedrafita e tinha a mesma idade que ela. Era um dos mais jovens integrantes de uma frente que vinha buscando a libertação de índios e seringueiros dos regimes de semi-escravidão impostos pelos "coronéis" da terra, chamados de patrões.

Ao longo da noite, vários personagens fascinantes interagiram com a carioca que chegara sozinha àquele mundo tão distante do seu. Foi magnetizada, magnetizou, sentiu-se acolhida. Viveu ali sua festa de aniversário involuntária, com "convidados" que nem sabiam que ela completara 30 anos na antevéspera. Entre eles, Marcelo era um dos mais discretos e menos envolventes.

Na manhã seguinte, radiante, a floresta convidava para um banho de rio. Na verdade, o que parecia rio para um urbano do Sudeste era um igarapé, majestoso para quem não está acostumado com o superlativo das águas. Sentindo-se cada vez mais em casa na aldeia Poyanawa, Bia rumou para o seu mergulho glorioso.

No caminho, encontrou Marcelo. Ele estava acompanhado de sua namorada. Na chegada ao igarapé, as duas mulheres se despiram primeiro e caminharam juntas até a margem. Sem querer, o antropólogo ficou alguns instantes como observador da cena. Até então, tinha sido um dos únicos homens da aldeia a não entabular conversa com a recém-chegada. A personagem simplesmente não chamara sua atenção. Agora chamava pela primeira vez, e sem dizer nada. Ele se despiu e mergulhou também.

Após alguns minutos, a namorada de Marcelo saiu da água e avisou que ia voltando para casa. Os outros dois permaneceram lá, e iniciaram uma conversa sobre espiritualidade, apesar da eloqüência dos corpos.

Falaram da experiência da ayahuasca, que no Acre assumia uma dimensão profundamente religiosa através do Santo Daime. Marcelo fizera pela primeira vez a ligação entre natureza e transcendência em pleno Rio de Janeiro. Bia ficou surpresa ao saber que aquele ser tão exótico era do bairro carioca de São Conrado.

A Floresta da Tijuca, no trecho entre a Pedra da Gávea e a favela da Rocinha, era praticamente o quintal da família Piedrafita no final dos anos 70. Numa de suas incursões de horas mata adentro, sozinho, ainda adolescente, Marcelo teve uma percepção que não mais o abandonou. Sentia-se forte o suficiente para chegar sem artifícios ao topo de uma montanha, de onde sua casa ficava do tamanho de uma formiga. Ao mesmo tempo ele era a formiga que morava não naquela casa, ou naquele bairro, mas naquele mundo inteiro que ele podia ver dali, na conjunção entre floresta e céu debruçada sobre o mar sem fim.

Saber ser grande sendo pequeno. Era isso que iria levá-lo para a Amazônia, para perto dos índios e de sua reverência transcendental à natureza.

No contexto exuberante do igarapé amazônico, num cenário ao mesmo tempo tão vasto e tão íntimo, as palavras tinham importância relativa. Bia estava atenta ao antropólogo, mas o discurso dele estava no campo das suas primeiras intenções. E as segundas eram mais fortes.

Naquele ritual de aproximação a dois, com os corpos nus cobertos pela água até o pescoço, ela também falou de suas incursões espirituais. Assim como ele, dera de cara com a religião meio de surpresa, numa experiência que nada tinha a ver com a doutrina católica predominante nas famílias brasileiras. Uma tia e uma prima suas, Myriam e Martinha, mulheres fortes e racionais, tinham recebido sinais de mediunidade. O evento não chamaria tanta atenção se não fossem, as duas, absolutamente céticas e cartesianas. E estavam sendo preparadas para um milagre.

De uma hora para outra, começaram a receber mentalmente mensagens longas e complexas, descrevendo em minúcias a existência de uma dinastia espiritual na China antiga. Seriam antepassados da família de Bia, e traziam uma série de mandamentos sobre a condição humana, para além dos planos físico e mental. Em questão de semanas, as mensagens já formavam uma obra de razoável densidade literária e filosófica — que as receptoras jamais poderiam ter produzido com seus próprios conhecimentos. Mesmo que tivessem devorado em tempo recorde livros e livros sobre aqueles temas que ignoravam.

O signatário das mensagens era Lin Fu Chi, um velho sábio chinês que vivera 700 anos antes de Cristo, na aldeia Lin Sai. Dirigia-se àquela família como "amados filhos que o tempo não levou" e convocava-os para uma missão de fé. Nas primeiras reuniões coordenadas por Myriam para o "encontro" com a Dinastia Lin, a abertura para aquele chamado inusitado ainda era entrecortada por boas doses de ceticismo. Até surgir o acidente com Martinha.

Uma violenta batida de carro na serra de Petrópolis deixara-a entre a vida e a morte. A família logo percebeu que a salvação de Martinha estava acima dos poderes da ciência. Com toda sua cultura fortemente racionalista, o clã foi pedir a ajuda de Lin Fu Chi.

Ele já tinha avisado, insistentemente, que os "amados filhos" pedissem. A gratidão era um valor importante, mas saber pedir a graça também era. "Peçam sempre, não deixem de pedir". Era como se alertasse os discípulos para uma espécie de direito deles à iluminação. Mesmo que alguns ainda sentissem aquilo um pouco como uma crença desesperada, mergulharam todos nas orações profundas e belas aos "seres iluminados", que só eles conheciam.

Martinha saiu do coma e recuperou-se completamente, sem seqüelas. Estava sepultado o ceticismo da família de Bia. A partir dali ela tinha sua própria religião.

Na geração mais nova, tia Myriam, a matriarca do clã Lin, encontrou em Bia sua herdeira natural. Ela não tinha o dom da mediunidade. Mas era quem melhor decifrava os sentidos mais profundos das novas e antigas mensagens recebidas. Era quem mais aproximava sua própria vida da missão de fé proposta por Lin, buscando caminhos às vezes incompreensíveis aos seus familiares.

Seria muito criticada por suas escolhas ruidosas, como o abandono precoce de seu casamento, com o filho ainda aprendendo a falar. Ou com a renúncia à sua promissora carreira de estilista, em nome de ideais que pareciam um tanto vagos. Mas sua fé a mandara encontrar-se com a floresta. E ali estava ela.

Aos ouvidos de um antropólogo, aquele depoimento sobre uma religião endêmica, surgida e praticada dentro de uma só família, era um tesouro. Bia imaginou isso. E calculou. Sua história era verdadeira e ela se orgulhava de narrá-la. Mas naquele momento, com todo respeito à dinastia, estava servindo também como isca. Marcelo ainda não sabia, mas a forasteira já tinha decidido que ele seria dela.

Na pista de pouso de Tarauacá, Bia despediu-se dos reis magos e de sua comitiva com o coração apertado. Subiu as escadas do avião da Tavaj sem desconfiar da sua fé e do seu destino, mas com uma leve impressão de que, dessa vez, os seres iluminados não iam atender o seu pedido. Marcelo decidira casar-se com sua namorada.

■ ■ ■

Avião monomotor, pouso em clareira na mata, canoa rio acima, caminhada por trilha, volta para canoa, salta de novo e empurra canoa com os pés dentro do rio, embarca de novo, salta de novo e caminha por picada floresta acima, chegou (dois dias depois). A bandeira do couro vegetal agora está cravada no alto rio Jordão, quase fronteira com o Peru, floresta tropical fechada. A equipe desbravadora que avança pela Amazônia Ocidental implantando unidades de produção tem cinco homens e, à frente deles, uma mulher.

Na floresta, não há mistura de atividades masculinas e femininas. Trabalho, refeições, banho — tudo é feito separadamente. Homens e mulheres só convivem no tempo livre. É uma questão de organização e de foco. O território da sobrevivência não é o território do desejo. Inadvertidamente, a moça carioca evoluía no terreno masculino. E sobre ela se cruzaram as rotas do trabalho e do desejo.

Um dos cinco homens que a acompanhavam floresta adentro era o cacique Siã Kaxinawá. O interesse do índio por ela era crescente, e a tocava de uma forma peculiar, mexendo com seu mais primitivo ideal de mulher — a sensualidade pura e potente da Índia Potira. O alto Jordão era a região do povo

Kaxinawá, onde Siã se tornava ainda mais sedutor e fascinante como senhor dos caminhos e mistérios da mata.

Num desses caminhos, ele a conduziu por uma localidade bela e isolada, onde se viram absolutamente a sós. Era um cenário de romantismo selvagem que qualquer diretor de Hollywood poderia aproveitar sem mexer em nada. Retirados ali, Bia e Siã não precisavam de luz e câmera. Bastava a ação.

Na etapa anterior da viagem, "Potira" já fora alvo do charme de outro cacique. Na passagem pelo alto rio Gregório, região dos índios Yawanawá, Biraci Brasil, expoente do seu povo, verteu todo seu carisma na recepção à equipe do couro vegetal. A condição de única mulher naquele contexto, ainda por cima jovem e atraente, colocava Bia mais uma vez na posição de prenda — ainda que isso a contrariasse. Assim como em Altamira, na sua primeira incursão amazônica, era difícil para ela livrar-se de seu "disfarce" de gatinha carioca em busca de diversão.

Biraci, o Bira, exímio caçador, feiticeiro e líder político, era um índio envolvente. Colecionava paixões e romances, boa parte deles com mulheres que chegavam de fora e caíam nos seus encantos. Assim como a parceria que se iniciava com o couro vegetal, os Yawanawá tinham um contrato com a fabricante de cosméticos americana Aveda. A representante da empresa, também carioca, tinha um trabalho consistente de abertura de mercado para os povos da floresta e não chegara ao rio Gregório a passeio.

Mas o encontro dela com Bira foi intenso. E não houve como escapar do cruzamento entre trabalho e desejo. Se houvesse um cronista de costumes no Gregório, conhecendo as manhas do cacique e vendo agora a chegada radiante de outra carioca em busca de parceria com os Yawanawá, ele diria que a bola da vez estava na boca da caçapa.

Bia estava concentrada no trabalho e guardara muito bem o alerta de Krenak sobre o perigo das paixões na Amazônia. Mas era, antes de tudo, uma apaixonada. Encontrar ali os limites entre a empresária, a militante e a mulher não ia ser uma equação simples. E havia no grupo dos cinco batedores outro convite ao coração.

Perfeito Fortuna aderira à expedição do couro vegetal com algumas credenciais importantes. Em primeiro lugar, tinha diploma de circulação na floresta. Vinha andando pelas matas do Acre havia alguns anos, e desenvolvera boas relações com seringueiros e índios — dos quais fora uma espécie de embaixador dois anos antes, na Rio-92. Tivera também participação importante na conexão com Wilson, o elo perdido do couro vegetal. Por último, mas não menos importante, se envolvera amorosamente com Bia.

As afinidades entre os dois eram grandes. Se Perfeito conquistara o público com o teatro anárquico do Asdrúbal Trouxe o Trombone, Bia era um personagem bastante conhecido naquela faixa Jardim Botânico—Ipanema por seu "Asdrúbal way of life". Eram dois típicos cariocas descolados, desses que quando se esbarram na vida se perguntam como não se esbarraram antes. Duas usinas de vitalidade e irreverência, que naquele verão de 1994 tinham atado uma amizade colorida.

A parceria na longa viagem pelo Vale do Juruá era útil e agradável. Perfeito tinha a liderança e a força física necessárias para o marco zero do trabalho: mobilização de mão-de-obra, construção de estufa, montagem de armazém e preparação da defumaceira, onde o tecido banhado em látex passaria pela vulcanização artesanal. A exemplo do que faziam Wilson e Txai Macêdo em outras frentes, iam assim estruturando, no braço e na vontade, a linha de montagem na floresta.

Para a mulher que mergulhava sozinha no universo masculino, no parceiro de trabalho ela poderia ter também a correspondência do par, a proteção do homem. E, além de líder, Perfeito era também um apaixonado. Vivera romances intensos, sempre com belas mulheres. Naquele momento seu coração estava vago, e Bia poderia ser a nova titular do espaço.

Certa noite, no alto Jordão, a escuridão pareceu ter caído mais pesada para a empresária carioca. Havia no ar algumas toneladas a mais sobre ela. À tarde, evitara o isolamento com Siã no meio da mata, voltando para o meio do grupo. De volta à aldeia Kaxinawá, tomaram o chá de cipó, com o qual ela vinha se acostumando e tendo bonitas viagens mentais. Dessa vez, porém, a viagem se anunciou estranha.

Siã e seu irmão, Getúlio, iniciaram uma discussão áspera. Não era possível compreender o que diziam. Embora falassem bem o português, optaram ali por seu idioma de origem, talvez pela tensão do momento. A agressividade crescia, mas o tom de voz dos dois não se alterava. Era uma hostilidade entre os dentes. Havia nitidamente algo errado acontecendo, e Bia foi sendo tomada por uma profunda insegurança.

O gigantismo da floresta voltou a oprimi-la. Sentiu-se de novo sufocada pela amplidão, pela constatação de que sair dali não era um ato de vontade. Dependia de muitas coisas, de muito tempo. Era a prisão mais espaçosa do mundo. Lembrou-se do pesadelo real com os gritos aterrorizantes das índias no rio Gregório, na primeira parte da viagem, quando o filho do cacique Yawanawá foi tragado pela correnteza. Era irmão de Bira, ela viria a saber, e seu corpo jamais seria encontrado. A lembrança reforçou aquela espécie de claustrofobia ao contrário, e ela teve a sensação de que dessa vez o medo iria asfixiá-la.

De repente, um ruído mais forte surgiu por detrás das árvores e encobriu as vozes perturbadoras de Siã e Getúlio.

Parecia um sobrevôo de avião, o que não era possível, pois a área de pouso mais próxima ficava a muitos quilômetros dali. Mas era um avião.

E de forma inusitada o piloto conseguira um pouso dentro da aldeia Kaxinawá. Todos correram para ver quem era. Bia levou um susto ao reconhecer uma amiga sua desembarcando da aeronave misteriosa.

Tratava-se da estilista Yamê, mulher de Fernando Gabeira. Eram parceiras de trabalho e de estilo, e tinham filhos da mesma idade. A presença dela ali só poderia ser para trazer alguma notícia urgente, e não poderia ser boa. Pensou em seu filho Zé Roberto e seu coração disparou. A decisão de ficar dois meses longe dele tinha sido delicada, e agora podia estar chegando a conta.

Yamê aproximou-se de Bia, segurou-a suavemente pelo braço e disse:

— Vim te falar do Zé Roberto. É muito importante.

O tom da amiga era profundamente sério e sua expressão era grave, mas ao mesmo tempo serena. Ela completou:

— Está tudo bem com ele.

Deu-lhe um abraço, virou as costas, embarcou novamente e o avião decolou.

Aliviada, Bia abriu os olhos. Tinha caído no sono, atemorizada pela discussão entre os índios. Os primeiros raios do sol amazônico haviam dissipado a noite pesada. Seu peito foi tomado por uma sensação absoluta de calma e convicção. O sonho viera lhe dizer tudo.

Estava tudo bem com seu filho. Nada era mais importante do que isso. Seu filho simbolizava sua base de vida, sua história, que não podia se dissolver num deslumbramento súbito. Quem estava na floresta não era a Índia Potira, era Beatriz Saldanha. E tinha uma missão profissional de alta responsabilidade.

Fechou em definitivo as portas para Siã, Perfeito e quem mais surgisse no território do desejo. Sua tarefa era cheia de riscos, num universo onde era pessoalmente vulnerável. Confundir-se no seu papel feminino era passaporte certo para o infortúnio. O dia que nascia era um dia de trabalho. E isso não era pouco. Adeus, Potira.

■ ■ ■

A Amazônia é nossa. Nossa, de quem, cara-pálida? A pergunta seria feita por qualquer um — não necessariamente índio — que circulasse pelo Vale do Juruá. O brado de soberania em defesa da maior floresta tropical do mundo, estimulado pelos militares no projeto do Brasil Grande, virava piada em contato com a vida real. Partindo de Cruzeiro do Sul, a segunda maior cidade do Acre, na primeira curva do rio Juruá a Amazônia já não era de ninguém.

Perguntado sobre a presença do Estado na região, um morador muito especial de Cruzeiro apertava os olhos na direção de uma praia de rio logo na saída da cidade e informava:

— O Estado vai mais ou menos até ali a Praia do Mu.

Não era uma brincadeira. Quem falava era o Txai Macêdo, e ele sabia bem o que estava dizendo. Para lá da Praia do Mu, a "nossa" Amazônia era o faroeste verde. E o "para lá" podia ser em qualquer direção. A imensa região do Vale do Juruá, onde ele ia ajudar a implantar a produção do couro vegetal, não era terra para principiantes. Ufanismos à parte, ali era preciso muita insistência para ser brasileiro apesar do Brasil.

Macêdo vinha insistindo. Em março de 1989, menos de três meses após o assassinato de Chico Mendes, ele começou a tentar estruturar no Alto Juruá a primeira associação de seringueiros e índios independente dos patrões. Era um projeto feito a quatro mãos com Chico, e acabara de receber uma verba pública inicial para prover mantimentos às famílias. Macêdo organizou uma reunião com elas para tratar da distribuição dessas mercadorias, e marcou-a para dentro de uma igreja. Era a proteção possível.

Na manhã do dia 7 de março a igreja de São Raimundo Nonato, no alto rio Tejo, Vale do Juruá, estava lotada. Mais de 300 seringueiros e índios, incluindo mulheres, crianças e velhos, tinham atendido à convocação. Os mantimentos marcavam o início de sua libertação dos coronéis seringalistas. Só faltou combinar com os coronéis. Eles não foram convidados, mas mandaram seus capangas. A missão era tocaiar Macêdo dentro da igreja. E matá-lo lá mesmo.

Mal começou a reunião, um homem saltou por trás do Txai para enfiar-lhe uma tesoura no peito. Apesar de violento, o golpe não foi certeiro e deu à vítima a chance de jogar-se no meio das pessoas. A igreja virou um pandemônio, com gritos e correria generalizada, prejudicando uma nova tentativa do agressor. Mas ele tinha retaguarda. E ela apareceu de pronto, agora com arma de fogo.

O segundo capanga aproximou-se do local onde Macêdo estava caído e apontou-lhe sua espingarda. O sucessor de Chico Mendes não esboçou reação física. Mas pediu que São Raimundo Nonato o ajudasse.

O pistoleiro mirou com frieza e puxou o gatilho. Mas não se ouviu estampido algum. O tiro falhara. Um terceiro capanga trocou rapidamente o cartucho da arma e o atirador aproximou-se um pouco mais, posicionando-se para o disparo à queima-roupa. Imóvel, Macêdo pediu mais uma vez a São Raimundo. Mais uma vez, na hora do tiro, a bala se recusou a sair.

As inacreditáveis falhas sucessivas encorajaram a multidão reunida na igreja, até então acuada pelo pânico. Um grupo de seringueiros e índios se posicionou na linha de fogo e se atirou rapidamente sobre os pistoleiros. Não houve tempo para a quarta tentativa de eliminação do Txai. Os capangas foram dominados, desarmados e postos para correr.

Macêdo levantou-se e teve a certeza, como cidadão amazônico, que cidadania ali era uma questão de fé. E o Estado era São Raimundo Nonato.

A morte de Chico Mendes tornara-se um problema grave para o governo brasileiro (o de Brasília, não o São Raimundo) porque Chico era conhecido no exterior. Como a óbvia preparação do seu assassinato não repercutia no Brasil, ele fora aos Estados Unidos, levado por alguns amigos influentes, contar sua história por lá. Macêdo decidiu fazer a mesma coisa.

Se Chico Mendes era um líder talhado em Xapuri pelo sindicalismo e a aspereza da luta pela reforma agrária, Macêdo era de outra escola, de outro Acre. O Vale do Juruá era a região dos índios, da ayahuasca, da floresta mais mitológica, mais musical. O Txai virara sertanista sem largar seu violão. Empreendia sua cruzada cantando e contando histórias. "Eu trabalho brincando", costumava dizer. Chegando em Nova York para um evento sobre a Amazônia, atravessou os domínios dos políticos e dos ativistas, mas foi se ligar, claro, a uma jovem produtora cultural.

Ela andava no meio dos Rolling Stones, Jerry Hall, Grace Jones, fotógrafos famosos e showbiz em geral. E o melhor de tudo: era uma brasileira, fascinada à distância pela Amazônia, armada de um inglês fluente. E disposta a conduzir Macêdo pelos melhores caminhos da sociedade americana.

Virgínia tinha só vinte e poucos anos e já havia tido muitos amores. Para ela só existia uma coisa melhor do que conhecer gente: conhecer mais gente. Na sua toada forte, Nova York tinha virado rapidamente uma aldeia. Não havia circuito quente onde ela não transitasse com desenvoltura. De descoberta em descoberta, de paixão em paixão, aquele mundo já estava ficando pequeno para ela quando conheceu o Txai.

Ajudou a colocá-lo no mapa dos vips globais — que lhe seriam de grande valia nos tempos difíceis que estavam por vir. Mas, depois de circularem por alguns dos bastidores mais influentes da capital internacional, ele disse que agora era hora de ela segui-lo. Queria o motor de Virgínia subindo os rios do Juruá, juntando gente boa para encarar o faroeste verde.

Trocar Nova York por Cruzeiro do Sul seria uma guinada e tanto. O problema de andar na companhia de popstars eram os paparazzi e seus flashes incômodos. O problema de andar na companhia de índios e seringueiros eram os jagunços e suas pistolas bem mais incômodas. Mas, para Virgínia, problema mesmo era ficar parada.

Disse sim ao Txai. Precisava só de uns dias para arrumar suas coisas e desfazer o noivado com o vice-presidente de um importante banco de investimentos em Wall Street.

Viajar para o Acre em 1990, ainda mais ao lado do Txai Macêdo, era algo que nem Polyanna conseguiria confundir com turismo ecológico. O ar estava pesado. Mas Virgínia também não estava a fim de turismo. Sabia que o chamado do bardo acreano era missão. E a jovem já tinha no currículo uma bagagem farta de diversão no jet set. Impressionara-a certa vez a decisão radical de um namorado seu, o fotógrafo Peter Beard, consagrado em Nova York, que resolvera largar tudo — inclusive a relação de um ano e meio com ela — para se radicar na África e fotografar animais ameaçados de extinção.

Agora era sua vez de amarrar a vida a uma causa. E no front amazônico ela encontraria, sem dúvida, uma das grandes.

No processo da mudança para Cruzeiro do Sul, Virgínia logo recebeu o cartão de visitas do seu novo mundo. Seu anfitrião,

Macêdo, estava numa expedição no Alto Juruá, para fazer um levantamento populacional na região. Se o Estado brasileiro não passava da Praia do Mu, vizinha à divisa com o Amazonas, que diria chegar a Marechal Thaumaturgo, quase fronteira com o Peru. Ali, os índios eram invisíveis ao Brasil. Alguém precisava "descobri-los".

Quem não estava achando graça nessa descoberta eram os donos das terras locais, que já tinham mandado seu "aviso" ao sertanista cantor na igreja do alto rio Tejo. E numa pausa da viagem, ao entrar numa pequena venda na cidadezinha de Thaumaturgo, o Txai foi tocaiado. Subitamente, seu caminho de saída estava barrado por um homem de quase dois metros de altura por um de largura, conhecido na região como He-Man. Era um pistoleiro violento e frio, que sacou seu revólver e informou que aquela palhaçada terminava ali.

Foram três disparos, a dois metros de distância, em direção ao peito de Macêdo. Seria o fim da linha, da palhaçada, ou como se quisesse chamar aquela perseguição, se o destino do perseguido não tivesse um certo sotaque literário de Ariano Suassuna. Como se a cena do atentado fosse engolida pela prosa surrealista de O auto da compadecida, Macêdo e a morte novamente se desencontraram. Os três tiros de He-Man falharam.

O gigante se enfureceu e partiu para cima da vítima. Deu-lhe um violento soco no rosto que espatifou os óculos de Lampião e deixou sua visão encoberta pelo sangue. Vendo-o caído e imóvel, He-Man partiu para cima do sertanista disposto a trucidá-lo com as próprias mãos. Tonto e momentaneamente cego, Macêdo apalpou a cintura e puxou uma faca que Siã Kaxinawá lhe dera após o primeiro atentado.

Ao sentir o novo golpe do gorila, devolveu uma facada a esmo, que penetrou na barriga do agressor. O ferimento não foi fatal, mas lhe abateu a sanha mortífera. Na pausa do gigante, um pequeno grupo local que testemunhava a cena atirou-se sobre ele e o desarmou. Perante São Raimundo, Suassuna e todos os deuses do absurdo, o Txai estava salvo de novo.

A Amazônia era deles. De He-Man e seus mandantes. Pelo menos era o que eles pensavam. E, já que o mundo das leis não chegava lá, talvez fosse uma boa idéia levar notícias do faroeste verde até o mundo das leis. Um grupo de antropólogos começou a filmar o trabalho de Macêdo no fio da navalha, e Virgínia aderiu ao projeto. Era uma boa maneira de iniciar seu engajamento. E de sentir a barra do seu novo hábitat.

Numa das primeiras sessões de filmagem, o grupo navegava pelo rio Amônia, no alto Juruá, quando cruzou com uma embarcação inimiga. Na proa dela estava ninguém menos que He-Man. Macêdo o avistou antes que fosse visto, e atirou-se imediatamente no chão do barco. Talvez identificando o grupo do sertanista, o pistoleiro deu meia-volta e partiu no encalço deles, já com sua arma em punho.

O Txai permaneceu imóvel no fundo do barco. Ainda havia a esperança de que o gigante concluísse que ele não estava ali, e desistisse da abordagem. Alguns rezavam, outros choravam, como a mulher de Macêdo, Rena, uma índia Poyanawa, que no desespero passou a pedir que Virgínia fizesse alguma coisa.

A nova-iorquina repatriada estava cristalizada. Não conseguira nem rezar, nem chorar, quanto mais saber como reagir ao monstro. Mas ficar parada não era mesmo o seu forte. Sacou sua única arma, que nunca falhara na conquista de territórios mundo afora: a cara e o verbo.

Quando o barco do capanga já chegava bem próximo, ela foi até a popa e ficou ali de pé, frente a frente com He-Man e sua pistola. Não se preocupou em prender os longos cabelos lisos que se encrespavam ao vento, nem em escolher as palavras certas para se dirigir a um assassino — se é que elas existem.

Apenas gritou forte para superar o barulho do motor, sem desviar por um segundo o olhar dos olhos dele:

— O que você quer? Não tem nada aqui pra você. Você não é bem-vindo! Por favor, siga o seu caminho.

He-Man hesitou. Aquela morena com silhueta de manequim, suave e decidida, quase menina, dirigindo-se a ele com tanta desenvoltura, pareceu confundi-lo. No mínimo, o pistoleiro não estava acostumado com uma abordagem daquele tipo. Reduziu a marcha do seu barco, enquanto Virgínia continuava impávida, de peito aberto para ele. As duas embarcações foram se distanciando, até que o gigante manobrou na direção contrária. Na dúvida, foi embora.

O episódio sui generis na crônica do faroeste selou a amizade da recém-chegada com o Txai Macêdo. Ele firmava ali sua certeza de que fisgara em Nova York a aliada certa.

Seguiram adiante no projeto de construir repercussão internacional para a causa amazônica a partir do Acre, na trilha iniciada por Chico Mendes. Estavam articulando uma adesão de peso, a do cantor Milton Nascimento, que após uma viagem pelo Vale do Juruá gravara o disco *Txai* — homenagem aos povos indígenas marginalizados da região. Um show de Milton em Washington DC seria o próximo grande ato político da campanha. Virgínia voltava à América e aos bastidores do showbiz, agora como membro de outra tribo.

Nos camarins antes do show, Macêdo e Siã apresentaram-na a Ailton Krenak. Faltava-lhe a bênção do pajé, o maior líder político daquela causa, que estava por trás da conexão entre o compositor mineiro e o Juruá. Krenak estava pintando os rostos dos "guerreiros" da campanha incorporada por Milton Nascimento, e recebeu a dica de Macêdo:

— Txai, pode pintar ela também. A Virgínia é da nossa tribo.

A moça aproximou seu rosto do líder, mas ele não se moveu. Apenas se dirigiu a Macêdo, sereno e lacônico como sempre:

— Não vou pintar, não. Ainda não conheço ela.

A franqueza de Krenak descadeirou a jovem desinibida. Se enturmar com Mick Jagger tinha sido mais fácil. Os segundos de silêncio que sucederam aquele "não" duraram horas. Se o barco do He-Man passasse por ali, ela se atirava lá dentro.

Três anos depois do show *Txai* em Washington, Virgínia estava não só aceita e pintada na tribo como apontava o caminho das pedras para a mais nova "índia" do pedaço: Bia Saldanha cumpria seu segundo mês de expedição amazônica, e após a longa travessia entre homens, desejos e medos, encontrava sua parceria feminina. Ambas eram cariocas do Jardim Botânico, mas a vida quis que só fossem se encontrar nas águas do rio Juruá, via Nova York.

Era sintomático que, sendo vizinhas no Rio de Janeiro, estivessem sendo apresentadas por acreanos. Concluíram, em questão de minutos, que tinham muito que fazer juntas na floresta.

A embarcação que subia o rio Juruá rumo à foz do Tejo, seu afluente, levava as duas para a primeira reserva extrativista do país. Ali seria implantada, na colocação Cajueiro, mais uma unidade produtiva do couro vegetal. Bia não esperou para conhecer melhor Virgínia, foi logo pintando seu rosto.

Trouxe-a para o seu projeto, contratada como representante da Deja Shoes em Cruzeiro do Sul. Era um oxigênio importante na vida franciscana da ex-nova-iorquina. E a empresária ganhava uma peça valiosa na articulação da base amazônica com o mercado americano — duas pontas em que a nova parceira transitava bem.

Virgínia era o útil e o agradável. A seriedade no trabalho convivia com uma enorme irreverência. Dura na queda nas andanças extenuantes, derretida nos domínios do coração. Com conhecimento de causa, foi logo alertando Bia: o Acre era um dos lugares mais românticos do mundo. Declaração forte para quem acabara de mudar-se de Nova York. A outra fingiu que não ouviu. Macaco não estava a fim de banana naquele momento. Até segunda ordem, Índia Potira estava de férias.

Na viagem pelo Juruá, as duas decidiram subir ao teto da embarcação, para se embriagar um pouco mais de Amazônia. Tratava-se de um batelão, barco típico da região, de porte um pouco inferior às gaiolas. Tinha sido doado pelo piloto Ayrton Senna para o projeto de saúde da reserva extrativista. Era o Estado de macacão e capacete, transportando brasileiros pelas beiradas do Brasil sem dono.

A combinação de Bia, Virgínia e o vento logo revelou seu alcance. No teto do batelão, como se estivessem numa sala de reuniões, decidiram os próximos passos (e vôos) do negócio: ao fim da expedição, embarcariam para Nova York, onde se reuniriam com o representante David Sadka, partindo a seguir para São Francisco, onde captariam verbas com fundações ambientalistas; dali iriam para Washington, para busca de apoio político e institucional, voltando então a Nova York, onde visitariam amigos, inclusive um documentarista da guerrilha salvadorenha, a quem encomendariam o filme do couro vegetal da Amazônia; de Nova York dariam uma passada no Rio de Janeiro, sede da empresa, embarcando em seguida para Rio Branco, Cruzeiro do Sul e finalmente o alto Juruá, onde fariam o filme.

Em resumo, depois de dois meses no meio da floresta, dentro de mais um mês estariam — após rodar as Américas de norte a sul — no mesmo lugar onde tramavam tudo no teto do batelão.

Era 1º de maio de 1994, e parecia que tudo ia acontecer ao mesmo tempo agora. Ainda sob o impacto dos seus próprios planos vertiginosos, foram sacudidas pela notícia inacreditável: no exato momento em que viajavam no batelão de Senna, o piloto morria na Itália, após violento acidente no circuito de Imola.

A comoção se espalhou a bordo, naquele lugar sem cidadania onde ser brasileiro era chorar por Ayrton Senna. Paralisadas no teto, achando que naquela velocidade o mundo também não conseguiria fazer a curva, as duas parceiras procuraram respostas no vento, *à la* Dylan. A morte do benfeitor, ali no meio da terra de ninguém, parecia ainda mais injusta.

Conversaram sobre lutas inglórias, causas impossíveis, a utopia de Macêdo e seus amigos da conexão acreana. Virgínia, mais do que batizada na tribo, tinha na ponta da língua farta literatura sobre aquelas figuras que Bia apenas começava a conhecer. No teto do batelão, com o andar da prosa em torno daqueles personagens e suas batalhas heróicas, a comoção foi dando lugar à esperança.

Para Bia, não só esperança cívica. Num relato sobre o antropólogo Marcelo Piedrafita, o Jesus Cristo de casamento marcado, Virgínia deixou escapar que ele não saíra incólume daquele banho de igarapé. Alguns dias depois, comentara que gostaria de conhecer melhor a empresária do couro vegetal.

Por mais que Potira se concentrasse em seu novo papel de beata, acabara de receber a notícia mais importante de toda a viagem.

# PAREM DE ENFEITIÇAR A GAROTA

O sucesso estrondoso do lançamento da bota *seringeiro* em Las Vegas embicou o ano de 1994 para as nuvens. Toda a imprensa mundial queria conhecer o produto saído das mãos dos amigos de Chico Mendes. Se já começara a ficar famoso na Rio-92, agora o couro vegetal partia para virar mania internacional. Nike, All Star, Reebok e todas as grandes grifes compareceram para namorar o calçado da floresta tropical úmida. Entre outras glórias, o *seringeiro* (sem "u", para não confundir os americanos) renderia à Deja Shoes o prêmio das Nações Unidas de melhor empresa ecológica dos EUA.

A euforia chegaria forte ao Rio de Janeiro. Os representantes da BNDESpar e consultores contratados por João Augusto atualizavam suas projeções para o festejado econegócio. Agora, definitivamente, o céu era o limite. A chegada de Bia ao cenário urbano, com a pele, os cabelos e a alma estampando os sinais de sua expedição amazônica, era a imagem viva do mais moderno business.

— Se os nossos cálculos estiverem certos, e estarão, você será uma das grandes empresárias desse Brasil — sentenciou o economista Roberto Mariano, respeitado professor da Escola Superior de Propaganda e Marketing e consultor do projeto.

Ao lado dos técnicos do Consórcio de Tecnologia da BNDESpar, Mariano apresentava a Bia e João Augusto os cálculos para o crescimento da Couro Vegetal da Amazônia. Com o sucesso da Deja, as 80 mil lâminas do tecido emborrachado vendidas no primeiro ano saltariam para 200 mil no segundo ano. Os especialistas explicavam que essa projeção considerava a conquista de apenas mais dois grandes clientes nesse período — o que seria natural com a repercussão internacional do projeto.

Mantendo o cálculo conservador, considerando eventuais perdas de clientes no caminho da expansão, o cenário para cinco anos era a venda de pelo menos 1 milhão de lâminas. Com a entrada em caixa de cerca de 16 milhões de dólares, por baixo.

Para João Augusto, ali estava uma resposta eloqüente não só à sua família, à ex-mulher, aos filhos e aos parceiros do mundo empresarial, que acompanhavam apreensivos suas arrojadas escolhas na vida. Era uma resposta, sobretudo, a si mesmo. Ele vinha travando, havia muitos anos, uma batalha por sua própria identidade. Seu nome era antes o nome de seu pai, e antes ainda, em ordem de importância, o nome de uma das mais conhecidas construtoras do país — fundada, como se não bastasse, no mesmo ano do seu nascimento, 1950. João Fortes não era ele, era uma marca espalhada pelo país em placas e tapumes.

Em sua guerrilha particular, oficializou seu apelido e passou a só atender por Guy Fortes. Era não apenas a diferenciação do pai e da empresa, como o aviso de que, por trás da herança do gigante imobiliário, havia um homem de ação social, cultural e urbanística. Mas a sombra da João Fortes era dominante. E Guy era apenas a sua fuga. Até o dia em que a fuga parou de persegui-lo.

Estava na Índia, esperando para um encontro com a guru, quando uma funcionária do templo lhe pediu o nome para fazer seu crachá. "Guy Fortes", ele respondeu, para logo em seguida lembrar que, no exterior, acabavam pronunciando *Gáy* ("cara", em inglês). Fisicamente longe do pai e da empresa, resolveu arriscar "João", acreditando que ali a confusão de identidade lhe daria uma trégua. A funcionária repetiu *"Joáo"*, sem o til, e ele insistiu na pronúncia certa — timidamente, torcendo para aquele diálogo acabar logo, poupando-o do desconforto de ficar chamando a si mesmo de João. Só que aí Gurumayi resolveu entrar na conversa.

Uma guru não fica, evidentemente, prestando atenção ao preenchimento de crachás. Mas por algum motivo Gurumayi captou o diálogo burocrático. De onde estava, interveio corrigindo a funcionária, com voz forte e o acento perfeito em português:

— *His name is* João!

Tocado por aquela deferência inesperada, o empresário se dirigiu à guru, perguntando como soubera pronunciar sem sotaque. Ela balançou a cabeça, num gesto indiano que mistura o sim e o não, e com um leve sorriso repetiu:

— João. *Sounds like music.*

O nome que era música para os ouvidos da guru era o seu. Não o de seu pai, ou o da empresa. Guy Fortes, a entidade fugitiva, estava naquele momento sendo enterrada aos pés do Himalaia. Na volta ao Brasil, João Augusto Fortes retomava seu nome e seu caminho, que deixava para trás também a empresa da família e a crise de identidade. Agora João Fortes significava também uma porta da Amazônia para o mundo.

Assim como os consultores e técnicos, o velho João Fortes também estava animado com a empreitada do filho. Decidira contabilizar os 300 mil dólares adiantados para o couro vegetal de forma especial. O patriarca instituíra um regime em que tudo que era dado a um dos filhos tinha que ser recebido igualmente pelos sete irmãos. Cada um que casava, por exemplo, ganhava um Fusca velho e um ano de aluguel (os construtores tinham seu momento de inquilinato). Se pagasse um tratamento médico para um filho, os outros recebiam a quantia equivalente. Mas os 300 mil adiantados a João não seriam dados também aos irmãos. Doutor João decidira ser acionista do couro vegetal.

No retorno de seu mergulho amazônico, a sócia do filho foi convidada para jantar com o dono da João Fortes Engenharia. Ele lhe contou que, como militar e como empresário, já estivera diversas vezes na floresta tropical, e conhecera de perto os perigos e as armadilhas da região. Com a autoridade do desbravador, queria dar-lhe um reconhecimento que, para ela, valeria mais do que o dinheiro investido em seu projeto:

— Você é uma moça muito corajosa.

Era um outro tipo de capital, o da legitimidade, que a ex-dona de butique começava a acumular após sua imersão na floresta. Mas não voltara de lá só com o troféu da sua exposição pessoal no front amazônico. Plantara entre os índios e seringueiros quatro unidades completas de produção do couro vegetal dentro da mata tropical — no alto Juruá, no rio Jordão, no rio Gregório e em Boca do Acre. A gatinha carioca com cara de quem vai tomar um chope ali e já volta, figura decorativa na assembléia dos povos indígenas, começava a ser vista de outra forma.

Agora, partia para os Estados Unidos não mais com um panfleto de salvação da Amazônia, mas com os dois pés fincados lá.

Se o plano traçado com Virgínia no teto do batelão parecia vertiginoso no papel, na prática era uma montanha-russa. Antes de desembarcar no Rio de Janeiro, Bia desceu em São

Paulo para uma reunião com um advogado brasileiro que atuava nos EUA, Alex D'Ambrósio. Discutiria com ele detalhes do contrato com a Deja e questões relativas à marca internacional que pretendiam registrar.

Só então se deu conta de que estava de bermuda esfarrapada, camiseta sem manga e sandália havaiana. E não tinha nada diferente disso na sua bagagem. Isto é, não tinha a menor condição de entrar num grande escritório de advocacia — pelo menos não como empresária.

Entrou na butique Zoomp com seu figurino de empurrar canoa e saiu metamorfoseada para a reunião de negócios. Da reunião embarcou direto para o Rio, onde sua agenda só comportava um abraço apertado em João Augusto, o jantar com os Fortes, o despacho com a BNDESpar e as projeções fantásticas dos consultores, que a empurravam para a caça aos clientes na América do Norte, onde já estava pisando duas trocas de roupa depois.

O shopping cívico-empresarial de Bia e Virgínia começaria por Nova York, onde David Sadka, o representante americano do couro vegetal, estava a mil. Ele as conduziu diretamente para uma dessas estações de modernidade do mercado americano — uma empresa de relações públicas dessas que fazem muito mais do que relações públicas. Estava cuidando, entre outras coisas, de conceber a marca do produto, e aí estava o primeiro obstáculo.

"Couro vegetal", o nome inventado por João Augusto, não podia ser registrado. Não só porque a palavra couro era genérica, mas também porque a denominação couro vegetal podia configurar uma espécie de propaganda enganosa — uma vez que o material criado na mistura entre látex e tecido, mesmo com as fórmulas estabilizadoras, não alcançava o padrão do couro animal.

Os cérebros marqueteiros da agência tiraram então um coelho da cartola. Vieram com um nome que parecia uma onomatopéia e não queria dizer nada para os brasileiros. Mas os americanos entenderiam. *Treetap*, genericamente algo como "extraído da árvore", era um termo corrente na América do Norte para denominar a extração do xarope da *maple tree*. Aí entrava o cálculo não tão lógico, típico de cabeça de publicitário: os gringos entram com o vocabulário, os brasileiros entram com a árvore, e no final tudo se encaixa.

Para Bia, era como batizar um filho como Esdrúxulo da Silva. Pelo menos seria original — o que para João Augusto, escaldado nessa matéria de identidade, valia muito. Bateram o martelo.

Enquanto Sadka ficava em Manhattan cuidando da logomarca e prospectando novos clientes, a caravana Treetap seguiu seu rumo pela América. Por onde passavam eram bem-sucedidos na conquista de apoio institucional e financeiro, como o da Rainforest Action Network, em São Francisco, uma dessas gigantes do ativismo ecológico americano. A quantidade de gente que Virgínia contatava com intimidade pelo caminho era impressionante. Na viagem para Washington, ela perguntou se Bia gostaria de conhecer a antropóloga Mary Allegretti. Sim, Virgínia também conhecia a fiel escudeira de Chico Mendes.

Bia ficou fascinada com a idéia. Depois do assassinato do líder seringueiro, Mary Allegretti tornara-se um personagem lendário não só para a empresária carioca. Tinha sido ela que pegara Chico pela mão e o levara para o Capitólio, difundindo no centro do poder americano o drama da sua morte anunciada. A repercussão mundial do crime de Xapuri estava diretamente ligada àquela missão quase solitária liderada pela antropóloga.

Mary estava em Washington trabalhando no Banco Interamericano de Desenvolvimento (BID), um dos grandes financiadores de projetos ambientais no Brasil. Parecia um posto merecido para uma brasileira que tinha feito tanto pela causa amazônica. Mas não era nada disso.

No saguão da sede imponente do banco, repleto de barreiras, Mary Allegretti surgiu e fez as portas se abrirem para as duas visitantes. Cumprimentou Bia e, para sua surpresa, disse que conhecia o seu trabalho e o admirava. Nem bem chegara ao Vaticano, a dona do Treetap já ganhava a bênção do Papa. Mal dava para crer. E mais difícil ainda seria crer na conversa seguinte.

Parecendo cansada, visivelmente abatida, a antropóloga começou a explicar a sua situação no BID:

— Bia, aqui a medida da importância de cada um pode ser tirada pelo tamanho da mesa e da janela. A minha mesa é mínima e a minha sala não tem janela. Ou seja, eu não mando nada aqui.

Com o desenrolar daquela prosa inesperada, Mary Allegretti foi se abrindo, e expôs a situação delicada em que se encontrava. Para ela, naquele momento, o Banco Interamericano era uma espécie de asilo político.

Acontecera o impensável. Por uma dessas tragicomédias de erros em que as relações humanas às vezes se transformam, Mary trombara gravemente com os seus próprios protegidos. Estava articulando um projeto com uma empresa nascente de barras de cereais, que produziria com castanha dos seringueiros de Xapuri. Após uma seqüência de mal-entendidos, ciúmes e precipitações, seus aliados da floresta resolveram desconfiar que a antropóloga os estava explorando para fazer negócios em benefício pessoal.

Romperam com o projeto e partiram para o confronto com ela. Mary Allegretti acabara de ser praticamente banida do Acre pelos companheiros de Chico Mendes.

Bia ouviu a conclusão da história insólita em estado de choque. Aquela personagem tão importante na luta pela Amazônia estava em Washington basicamente para ficar longe da floresta. Era uma situação deprimente, mas ainda assim brotou no encontro uma forte empatia entre as duas. Ao final, Mary abraçou-a forte e despediu-se com palavras de solidariedade não muito confortáveis:

— Acredito de verdade no seu trabalho, você vai ter sempre em mim uma aliada. Mas segura a onda, porque na Amazônia tudo pode acontecer.

De novo com o pé na estrada, Bia foi repaginando seus mitos. A heroína estava escondida, e a floresta, definitivamente, não era cor-de-rosa. Era curioso pensar assim justamente quando, em mais uma volta a Nova York, preparava-se para encontrar sua irmã mais nova.

Maria Dulce era irmã de sangue e de espírito. Amiga, confidente, cúmplice, enfim, parceira da vida inteira. Tinha também personalidade arrojada, sonhadora, mas às vezes servia como fio terra para as utopias da irmã mais velha. Cáustica, não tinha o menor problema em assumir certos preconceitos, e era especialista em fuzilar romantismos excessivos. O desbunde amazônico de Bia, a descoberta do Santo Daime e dos índios, nada disso escapava ao crivo da caçula. O toque dessa vez não tinha sido dela, mas poderia muito bem ter saído da sua boca: "Filha, a floresta não é cor-de-rosa!"

As duas irmãs chamavam-se correntemente de "filha", um tratamento carinhoso repleto de ironia. Era como chamarem-se de "neném" ou algo assim, brincando com a inocência que não estava mais ali. Mais urbana, Maria Dulce fustigava o lado "bicho-grilo" da irmã, em suas debandadas para a mata. Devolvendo o veneno, Bia caricaturava o preconceito da outra: "Maria Dulce detesta todo mundo pra lá do Planalto Central." Atravessando todos os tiroteios familiares, porém, a única relação que nunca dançava era a das duas. Às vezes a vida as separava, como quando Maria Dulce passou dois anos em tour pela Europa morando num circo, casada com um acrobata. Agora estavam de novo numa separação forçada pelo coração da caçula. Atriz, ela se apaixonara no Caribe por um diretor de cinema porto-riquenho e fora morar com ele em Nova York. Bia chegava para matar as saudades da irmã, mas, especialmente, para encontrar o novo marido dela.

Diego de la Texera tinha, entre seus filmes mais conhecidos, a história da guerrilha libertadora de El Salvador contra os prepostos militares dos EUA. Ele filmara *El pueblo vencerá*, de 1980, de dentro da própria guerrilha — e ali estava, aos olhos da empresária, alguém capaz de subir o Juruá, arrastar equipamentos pesados pela gincana da selva e sair de lá com o filme do couro vegetal. Com um detalhe: as filmagens tinham que começar em menos de um mês.

Para o diretor porto-riquenho, com menos adrenalina que isso não tinha graça. Negócio fechado.

Com mais umas duas trocas de roupa e uma rápida escala no Rio de Janeiro, Bia estava de volta à Amazônia. Antes de mergulhar fundo na mata com Diego, Virgínia e a equipe de filmagem, teria uma rápida reunião na capital Rio Branco. Havia a questão dos direitos de imagem, delicada especialmente para os índios, em sua busca de ressurreição cultural. Tinha só que equacionar isso antes de partir. Mas a equação se mostraria muito mais espinhosa do que parecia.

Pela primeira vez a empresária do couro vegetal seria questionada duramente por seus parceiros da floresta. Com o passar das horas, o clima na reunião com índios, seringueiros e antropólogos foi se tornando cada vez mais hostil, e ela começou a sentir-se fisicamente debilitada. Lembrou-se de Mary Allegretti, seu pesadelo inusitado com os aliados de Xapuri e o alerta sobre as armadilhas da Amazônia. Ao cair da noite, se retiraria da reunião ardendo em febre. E decidida a desistir de tudo.

O encontro acontecia na casa de um de seus mais importantes parceiros no Acre. Talvez o mais doce e cativante deles, provavelmente o mais influente entre as tribos brancas e índias, certamente um dos mais modestos. Se emergia na década de 90 no Acre um movimento libertador dos povos da floresta, o antropólogo Terri Valle de Aquino estava na origem dele. Era um dos três reis magos que saudaram o couro vegetal como o novo testamento da borracha, quando Bia mandou o avião descer em Tarauacá.

No início dos anos 60, o acreano Terri estava perdido no Rio de Janeiro. Aos 12 anos tivera o pai assassinado numa discussão trivial nas ruas de Rio Branco. Seu avô materno era uma espécie de agente de cidadania, esticando o braço do Estado até os indivíduos mais pobres para dar-lhes documentos de identificação. Era conhecido em toda parte e ninguém sabia seu nome: o povo o chamava de Parente-Amigo.

Em retribuição à sua missão, o governador José Augusto de Araújo, o primeiro eleito no Acre pelo voto popular, ofereceu-lhe um cargo à sua escolha. Ele agradeceu a oferta, mas preferiu uma ajuda para mandar o neto estudar no Rio de Janeiro.

Terri matriculou-se no Pedro II aos 16 anos e não se adaptou. Mastigado pela metrópole, conseguiu transferência para o Instituto Adventista, buscando o clima mais interiorano de Petrópolis. O frio o distanciou ainda mais do Acre, e de novo não se enquadrou — mas agora devia satisfação aos padres, que não abriam mão de integrá-lo. Decidiu fugir.

Escapou do internato e conseguiu voltar ao Rio, onde ficou vagando sem pouso, até ouvir a notícia da chegada à cidade do governador do Acre. Foi ao encontro dele e apresentou-se como neto do Parente-Amigo, sendo muito bem recebido. Explicou que estava sofrendo ali e precisava de uma passagem de volta ao Acre. O governador negou-lhe o pedido:

— Não posso fazer isso com o seu avô. Não tem volta.

E ainda mandou-o para novo internato, em Friburgo, onde fazia um pouco mais de frio do que em Petrópolis.

Começava a planejar a nova fuga quando ouviu barulho de gente gritando e correndo num terreno próximo à escola. Buscou um ponto de observação por cima do muro e conseguiu ver o que se passava: era uma partida de futebol. A única coisa que lhe interessara no Rio era ver Garrincha jogando no Maracanã. E a única certeza que tinha na vida era que queria jogar bola. Correu até o vizinho e descobriu que ali funcionava o Colégio Anchieta. Não descansou até conseguir com os padres jesuítas sua transferência para lá, onde mergulharia no evangelho do futebol.

Já estava quase virando padre quando um de seus companheiros de pelada mudou seu rumo. Era o líder estudantil Luís Raul, que com o início da ditadura fora se esconder no Anchieta. Com ele, Terri absorveria suas primeiras noções de luta política. E ouviria um diagnóstico desconcertante do amigo, observador arguto:

— Teu negócio não é a vida religiosa. Você vive sonhando com mulher. Tem que fazer análise, eu posso ser seu analista. Mas o melhor é você ir pro mundo, essa vida aqui não é pra você. Vai procurar um puteiro, vai realizar as suas fantasias.

Terri ouviu o colega como ouviria um pai — com a vantagem de que um pai talvez não desse um conselho desses. Voltou ao Rio de Janeiro, mas em vez de entrar num puteiro, entrou na Pontifícia Universidade Católica para cursar sociologia, por influência do próprio Raul.

Sem saber, iniciava ali o caminho de volta para a Amazônia. Pela primeira vez algo chamou mais a sua atenção do que o futebol: o universo indígena brasileiro. Tinha um colega tão concentrado no tema que acabou interessando-se pelo interesse dele. Era um aluno introvertido, em quem os padres da PUC viam uma destacada "sensibilidade sociológica", e no qual o jovem acreano encontraria quase um mestre: "Na nossa conversa, você tem uma boca e eu tenho dois ouvidos", dizia-lhe, reverente. O colega era João Pacheco, futuro expoente do Museu Nacional, Com ele, Terri iria cursar um mestrado em antropologia na Universidade de Brasília e fazer sua primeira viagem de campo entre os índios — os Ticuna, no alto Solimões.

Por coincidência, seu orientador no mestrado, Julio Cezar Melatti, receberia um pedido da Funai para averiguar a existência de índios no Acre. Já estavam na metade da década de 70 e o governo não tinha essa informação. Terri foi escalado para a missão.

O jovem estudante aterrissou de volta em sua terra natal, quase 15 anos depois de deixá-la, completamente perdido. Não tinha a menor idéia de por onde começar a sua missão. Vagou um pouco pelo estado perguntando a esmo onde tinha índio. Ninguém sabia. Até que um homem de feições indígenas, tão falante quanto confuso, convidou Terri para segui-lo. Sabia onde os índios estavam escondidos e iria levá-lo até eles.

A figura não lhe inspirou a menor confiança. Mas o estudante continuava perdido, portanto não tinha nada a perder. Seguiu o guia misterioso, que se apresentou como Carlito Cataiana. No caminho, foi contando a ele sobre si, explicando que precisava fazer um levantamento antropológico para o governo federal. Comentou também que fora estudar no Rio

de Janeiro por influência do governador do Acre. O guia alo-
prado parecia não estar escutando nada.

Mas estava, só que à sua maneira. E, quando abordaram as
primeiras famílias na mata em busca de índios, Carlito apresentou Terri misturando um pouco o que tinha ouvido sobre ele:

— Este homem é enviado do presidente da República. Ele
veio salvar os índios. Onde estão os índios?

O estudante não acreditou naquilo que ouvia. Tentou cor-
rigir o guia, mas nem foi ouvido. Continuou sendo apresentado
como o salvador enviado pelo presidente. E as portas começaram a se abrir para eles.

Por algum motivo, as credenciais messiânicas funciona-
vam. Pareciam despertar alguma esperança nos índios do Acre,
que foram saindo de seus disfarces de caboclos servis, vassalos
dos seringais e até peões de fazendeiros. O jovem aspirante a
antropólogo sentia-se pondo suas mãos num tesouro. E ainda
nem tinha achado a jóia principal.

Ela surgiu numa viagem pelo alto rio Jordão, na região do
Juruá, onde Terri e Carlito encontrariam um índio já bem velho e sem disfarce. Ao contrário de todos os outros, vivia livre.
Tinha expulsado os "patrões" e se apossara do seu pedaço de
floresta, onde lutava com seu povo para manter seu próprio
seringal e sua cultura original. Chamava-se Sueiro Kaxinawá,
pai de Siã Kaxinawá.

Intrigado com aquele foco isolado de resistência, o estudante descobriu que os Kaxinawá tinham sua poção mágica: tomavam a ayahuasca e se sentiam invencíveis. Não pela
força física, como os gauleses — embora fossem também
muito fortes —, mas pela conexão que a bebida lhes trazia
com os espíritos da floresta e a cultura dos seus antepassados. Terri não parava de tomar notas sobre aquele vasto

mundo de descobertas quando levou uma flechada verbal de uma das filhas do velho Sueiro:

— Pára de escrever nesse caderninho e vai ajudar o meu pai.

O forasteiro ainda tentou argumentar que era apenas um estudante, que não cabia a ele filiar-se à luta dos Kaxinawá. Mas logo compreendeu a debilidade das suas palavras. Não estava diante de uma história pronta, para ser empacotada e levada como um troféu para a universidade. Aquilo era o início de uma revolução, e ele fazia parte dela. Terri largou o caderninho, arregaçou as mangas e engajou-se na revolução do Juruá.

Tinham-se passado quase outros 15 anos quando Milton Nascimento aderiu à revolução, já mais robusta, incluindo outros povos como os Yawanawá e os Ashaninka — além de aliados como Krenak, Macêdo e sua herança da missão de Chico Mendes. E o antropólogo Terri Aquino fora convidado por Milton para acompanhá-lo em sua viagem pelo Vale do Juruá, onde iria compor o disco *Txai*.

Pouco antes de partir, foi procurado no Rio, onde manteve um escritório após a volta para o Acre, por um jovem aluno de João Pacheco no Museu Nacional. O estudante estava fascinado com as histórias dos índios em cativeiro e a luta libertadora dos Kaxinawá, narradas minuciosamente por Terri quase como um romance. Queria mergulhar fundo naquela literatura sobre os povos da floresta. Terri explicou que estava partindo para uma longa viagem, mas ofereceu uma alternativa ao rapaz. Entregou-lhe a chave de seu escritório:

— Não te conheço, mas confio em você, sei lá por quê. Pode mexer em tudo.

O estudante era Marcelo Piedrafita. Impressionara-se com a figura de Terri, que acabara participando pessoalmente de conquistas territoriais dos índios do Acre, ajudando-os a expulsar outros "patrões" das florestas do Juruá. Não só aceitou a chave como se mudou para o escritório do antropólogo durante três meses.

Quatro anos depois, já formado, Marcelo mudava-se para a casa de Terri, no Acre. E lá estava quando Bia Saldanha chegou, no meio do seu vaivém Juruá—Nova York com muitas escalas, para discutir o filme do couro vegetal. E para ser enfeitiçada.

■ ■ ■

Na pequena roda de índios, antropólogos e seringueiros sentados no chão de barro, a reunião transcorria com o peito da empresária carioca apertado. Naquela roda estavam os destinos do seu projeto e do seu coração.

Encontrar Marcelo ali era para ela um alvoroço. Sabia que ele estava comprometido com outra pessoa, mas recebera a dica de Virgínia sobre um suposto interesse por ela. No meio dessa mistura de insegurança com esperança, discutir com ele direitos de imagem dos índios era quase surrealista.

Além disso, era um tema tabu. Bia foi confrontada duramente com uma série de questionamentos, restrições, condições e cifras para poder filmar os Kaxinawá. Ela compreendia que a imagem dos índios era seu tesouro, mas argumentava que não ia usar o rosto deles para vender creme de barbear ou batom. Ia vender um produto feito em parceria com eles, que afirmava sua cultura e lhes traria retorno econômico.

Mas a barreira parecia intransponível. De uma hora para outra, sentia-se tratada com desconfiança e agressividade por aqueles que julgava seus aliados. E entre os negociadores que lhe pareciam frios e implacáveis estava Marcelo. Nenhum sinal da mensagem romântica transmitida no teto do batelão. Virgínia devia ter-se enganado.

Sem chegar nem perto de um acordo, sentindo seu corpo queimando de febre, lembrando-se a todo momento do calvário de Mary Allegretti em Xapuri e já sem condições de enfrentar seus interlocutores, a executiva do Treetap retirou-se da reunião derrotada. Que se danassem a Deja, a apoteose, o mundo. Bateu na casa de uma de suas primeiras amigas em Rio Branco, Vera, ex-mulher de Terri, e desabou na cama dela aos prantos. Depois dos primeiros socorros da amiga para baixar a febre misteriosa e confortá-la, Bia desabafou:

— Não deu. Não tenho a menor estrutura pra continuar com essa história. As pessoas não estão entendendo nada, e o erro é meu. É muito mais difícil do que eu imaginava. Chega.

Ailton Krenak ficou sabendo do abatimento da empresária e da sua decisão de recuar, mas não se abalou. Averiguou o que estava acontecendo e disse apenas a Bia que ela tinha sido enfeitiçada. O resto era o processo normal e inevitável de negociação. Tomou então uma providência singela, ao encontrar-se com os participantes da reunião sobre o filme:

— Gente, vamos parar de enfeitiçar a garota.

Foi então marcada nova reunião, que começou com as mesmas questões postas, mas a atmosfera uma tonelada mais leve. Sem feitiço.

A parceria foi reafirmada, inclusive com a partilha da patente do couro vegetal entre os donos do negócio e as associações dos índios e seringueiros. A equação de imagem versus royalties foi assim levada a bom termo para todas as partes e acendeu-se o sinal verde para a filmagem. A única coisa que não esverdeou foi a esperança do coração de Bia. Marcelo estava mesmo em outra.

A véspera da partida para a expedição do filme, comandada pelo diretor-veterano de guerra Diego de la Texera, foi transformada numa grande festa em Cruzeiro do Sul. Virgínia reuniu em torno da equipe de filmagem todos os amigos e aliados do projeto, incluindo representantes do BNDES, dos povos da floresta e da sociedade local. A mistura de boa música, gente bonita, fumos variados e bebida farta relaxou as mentes e soltou os corpos.

Com o romper da madrugada, os ideais amazônicos foram tirar um cochilo, entregando seus combatentes à dança, ao charme, aos beijos. Depois de atravessar tantas batalhas duras, vitórias e desilusões sem poder perder a concentração em sua missão, Bia abriu a porta para Índia Potira entrar na festa.

Diante dos encantos de um moreno bonito de 19 anos, escalado para a equipe de Diego, ela se deixou seduzir. Krenak tinha razão: na Amazônia, o problema eram as paixões. Mas a falta delas também era.

# MAIS COMPLICADO QUE UMA MULHER

— Esse croquete aí é de quê?

— Carne de gato.

— Ah, tá. Me dá um.

O movimento de Diego de la Texera foi contido antes que se consumasse. Era Bia que se colocava entre ele e a carrocinha do croquete, na praça central de Cruzeiro do Sul. Estavam rodando a cidade para comprar os últimos mantimentos para a expedição, e o cineasta se interessara pelo quitute duvidoso que um menino anunciava empurrando a carrocinha.

— Diego, você não vai comer essa porcaria nem a pau.

— Claro que vou. Olha só, a cara tá ótima. Quanto é, garoto?

A preocupação da empresária não era só a integridade estomacal do diretor do seu filme. Se Diego passasse mal, o tempo iria fechar com Maria Dulce. Para a irmã caçula, aquela história de sair de Nova York para Cruzeiro do Sul e se meter no meio da selva já era uma razoável concessão à porra-louquice. Ela não queria nem ouvir falar em acidentes ou doenças tropicais. "Não vai pegar malária! Olha por onde você vai andar! Olha o que você vai comer!", repetiu umas dez vezes na despedida. Era um alerta quase do tipo que Assis Chateaubriand deu ao repórter Joel Silveira, quando o mandou cobrir a Segunda Guerra Mundial: "Vá à guerra, mas não me morra!"

Diante daquele croquete de carne de gato, as palavras de Dulce estalaram na cabeça de Bia. Foi mais incisiva, mostrando a Diego que a coisa era séria:

— Você não vai comer essa porra. Nem por cima do meu cadáver.

Mas não era simples para um ex-combatente da guerrilha salvadorenha ver alguém decidindo se ele ia ou não comer um croquete. O homem forte de bigode espesso e cabelos longos, pouco grisalhos para os seus mais de 50 anos de idade, respondeu sem elevar a voz grave:

— Não me interessa se é carne de gato. Está bom, e eu vou comer.

O clima ficou pesado, e estava chegando a hora que alguém ia dizer "então não tem filme". Foi quando o menino da carrocinha, ouvindo melhor o que Diego dissera, interveio corrigindo:

— Não é carne de gato. É carne de gado.

Naquela região, em lugar de se dizer simplesmente que o croquete era de carne, ou carne de vaca, dizia-se carne de gado. Profundamente aliviada, Bia liberou o lanche do guerreiro.

Com o início da expedição, a idéia de preservar Diego dos perigos de um croquete se desmanchou no ar. Ele se deslocava na mata como um leão, liderando com perícia a equipe de dez pessoas e arrastando um equipamento pesado, que em todos os seus componentes beirava meia tonelada. Um dos braços fortes a seu lado era de Pedro, 19 anos, o novo par de Bia.

Era o irmão mais novo de Virgínia, responsável pelo transporte e o bom funcionamento do gerador, a peça mais pesada da viagem. Gerava também uma doce energia para a empresária, que tivera seus relacionamentos anteriores com homens cerca de dez anos mais velhos que ela. Ao lado de Pedro, dez anos mais novo, as cargas da empreitada e da vida pareciam ficar mais leves.

E era preciso uma boa dose de licença poética para se falar em leveza naquelas circunstâncias. Os rios estavam em seus níveis mínimos, e em grande parte da subida rumo ao alto Juruá a canoa que levava a equipe teria que ser levada por ela — em bom português, empurrada rio acima. A última pista de pouso ficava ainda no baixo curso do Juruá, onde a equipe fora deixada pelos únicos aviões que voavam até ali, chamados de Asas do Socorro, pilotados por ex-combatentes da Segunda Guerra. Dali para cima era canoa, braço e perna.

E seriam três dias de canoa, braço e perna até o coração da Reserva Extrativista do Alto Juruá, onde filmariam a recém-instalada unidade do couro vegetal. A cada curva do rio, o cansaço dava um novo sinal em algum lugar do corpo. Ao mesmo tempo, parecia ir sendo anestesiado pela beleza deslumbrante do percurso. O menor volume das águas tornava-as mais claras, e dependendo da incidência do sol ficavam cintilantemente amarelas, em contraste quase patriótico com o verde fechado da mata. As pernas afundadas no rio dourado e os olhos alcançando as copas das árvores 50 metros acima, encostadas no céu profundamente azul, enxaguava os espíritos e empurrava-os em frente.

O que também os empurrava em frente era uma mistura concentrada de leite batido com pó de guaraná em doses cavalares. Era um preparado tipo levanta defunto. Para a alimentação propriamente dita, o trunfo do grupo chamava-se Txai Macêdo. Embaixador da expedição, ele circulava pela mata tropical como se estivesse andando em Ipanema. De repente dizia: "Vamos visitar Fulano", como se passasse em frente ao prédio de um amigo. Mas em volta só tinha árvore e água.

Entrava então por um buraco da mata e dali a pouco (não tão pouco) caíam dentro da residência de alguma família de seringueiros ou de índios.

Em qualquer dessas paradas, Macêdo era festejado pelos nativos como um guru. Sem que se dissesse nada, logo uma lauta refeição estaria preparada para os viajantes, com redes confortáveis prontas para desabarem com as barrigas cheias. As casinhas de madeira de paxiúba com teto de palha abriam-se em recepções tão calorosas e sorridentes que pareciam encenadas. Mas os anfitriões eram assim mesmo. O fato de que provavelmente nunca mais veriam os visitantes não diminuía o entusiasmo de recebê-los como amigos eternos. Um choque de humanidade para os espécimes urbanos.

Mas os nativos também tinham seus artifícios. A refeição podia ser um peixe pescado na hora, ou um veado recém-abatido numa estrada de seringa, mas os hóspedes sempre davam um jeito de contribuir. Traziam coisas como macarrão, manteiga, sal e a sobremesa oficial da viagem: goiabada com creme de leite. A combinação era bem aceita, mas havia o problema das embalagens. Os sacos, caixas e latas precisavam ser cuidadosamente recolhidos, ou o couro vegetal deixaria um rastro de lixo industrializado na floresta. E por mais que se esforçassem, isso começou a acontecer.

Na terceira parada, a contabilidade das provisões registrava algumas latas de goiabada a menos. Ou seja: poluição grave deixada para trás. Um cenário daqueles de rio dourado com uma lata de goiabada boiando era a esculhambação do paraíso. Precisavam urgentemente descobrir o que tinha acontecido.

Dessa vez, depois da tradicional sobremesa, Bia resolveu recolher as embalagens antes da sesta. Rodou pelo quintal, foi até a cozinha e não encontrou nada. Não era possível. Resolveu perguntar às anfitriãs, índias que falavam um pouco de português, se tinham visto o lixo.

Quando começou a falar de latas de goiabada, o português das índias sumiu. Só falavam uma língua incompreensível e faziam sinal de negativo com a cabeça. Não sabiam de nada. A carioca ainda insistiu, mas logo entendeu que não havia nada a fazer. As índias amavam as latas.

Enquanto o filme do couro vegetal progredia na Amazônia, o filme no Rio de Janeiro não era tão alegre. João Augusto festejava a entrada na conta da primeira parcela do aporte do BNDES, mas era consumido com outro cálculo mais complicado. A fórmula do Dr. Outa confirmara sua eficiência para impedir que as bolsas virassem chiclete, mas havia novos problemas no horizonte.

A nova safra do Treetap feita com o processo de vulcanização artesanal gerara produtos bem melhores. Eles não derretiam, mas subitamente começaram a mudar de cor, como se estivessem empalidecendo. João enviou algumas bolsas esbranquiçadas para o Dr. Outa, ao mesmo tempo que a Deja Shoes contratava um químico de ponta no Canadá, Mr. Mareck, e o enviava ao Rio. João começava a ter a impressão de que seu produto era um ser vivo, sujeito a oscilações orgânicas intempestivas, e cercado por uma junta médica.

Enquanto tentavam aprimorar o processo produtivo, algumas medidas auxiliares eram prescritas, como a adição de silicone contra o ressecamento. Mas isso só podia ser feito com a bolsa pronta, ao longo do uso — ou seja, uma espécie de ação terapêutica a cargo do próprio consumidor, como passar filtro solar no filho antes de levá-lo à praia. O couro vegetal começava a se tornar um filho mimado.

Buscando um diagnóstico mais preciso para as variações temperamentais do seu produto, João foi surpreendido por um alerta quase filosófico do químico canadense:

— Tenha paciência. O látex é mais complicado do que uma mulher.

Embora fosse uma analogia um tanto exótica, ele captou o que o especialista queria dizer. A matéria-prima tirada da seringueira tinha características difíceis de deduzir.

E, naquele momento, um consumidor americano era forçado à mesma conclusão: a Deja informava que uma bota *seringeiro* tinha sido devolvida porque estava melando o pé do freguês. João sentiu um frio na barriga.

Desde o trauma da Rio-92, com as bolsas se derretendo à luz da fama, a índole selvagem do látex desafiava Bia e João — que não descansaram nem com a alquimia do Dr. Outa. Ao entrar para o projeto, Virgínia juntou-se à cruzada. Na busca por um lastro científico para o couro vegetal, que seria longa, ela chegaria a enfrentar situações insólitas. Numa fase mais adiantada do processo, por exemplo, marcou uma visita ao Instituto de Macromoléculas da Universidade Federal do Rio de Janeiro, referência nos estudos sobre o látex e a borracha. A visita não durou nem 15 minutos.

Ao discorrer sobre a produção de um artefato padronizado dentro dos seringais da Amazônia, foi interrompida pela especialista que a recebeu. Buscar um padrão de nível industrial em um ambiente natural dominado pela umidade, pelos fungos, sem mão-de-obra especializada e demais recursos do processo fabril era, em se tratando do látex, uma heresia. A cientista abortou a audiência e pediu que Virgínia se retirasse de sua sala.

Talvez a jovem produtora cultural tivesse sido arrojada demais ao se meter numa universidade para discutir macromoléculas. Mas ela era assim, e sabia que sem tombar não se aprende a andar, nem a voar. Refizera-se bem do tombo de ser rejeitada por Krenak à primeira vista, e depois soubera levantar-se e conquistar sua confiança. Mas, na expedição do filme, um outro tombo fruto do seu arrojo a paralisaria. E ficaria bem mais difícil se pôr de pé novamente.

A escolha do mês de julho para a filmagem fora estratégica. É a época do "verão" amazônico, quando chove menos e as estradas de seringa não estão inundadas. Por outro lado, o nível baixo dos rios dificulta a navegação em vários pontos, como naqueles onde Diego e sua equipe tiveram que descer da canoa. E cria também armadilhas menos visíveis.

Depois de uma seqüência exaustiva de takes na Reserva Extrativista do Alto Juruá, o grupo fez uma pausa na colocação do seringueiro Nonatinho. Ali estavam em casa. Nonatinho fora um dos primeiros aliados na linha de montagem estruturada por Bia na floresta dois meses antes, e já manejava com maestria os banhos de látex no tecido de algodão, a vulcanização na defumaceira, a secagem na estufa. De aluno ia passando a professor, com sugestões e ensinamentos a transmitir para os empresários do Rio.

Era o padrão Treetap nascendo nas entranhas da Amazônia, habilitando os povos da floresta a um trabalho muito mais qualificado — e muito mais bem remunerado. Tudo captado pelas lentes de Diego para o mundo ver. Uma conquista que merecia ser celebrada com um belo mergulho na foz do rio Bagé, quintal de Nonatinho.

O leito do Bagé era diferente do Jordão, por exemplo, cuja calha era mais larga. A parte profunda do Bagé era estreita, bem no meio do seu leito, e nas proximidades das margens ficava bruscamente raso, formando quase um degrau sob as águas. Esse desnível não era visível da superfície, e não foi visto por Virgínia.

Ela correu e se atirou de cabeça no rio. No lugar onde mergulhou, a profundidade não chegava a meio metro. O choque foi violento e Virgínia ficou cristalizada. Tinha fraturado uma vértebra da coluna cervical.

A equipe inteira ficou igualmente cristalizada. A possibilidade de socorro médico ficava a dias de distância — de canoa e a pé. Era impossível tirar Virgínia de lá.

Na viagem anterior, Bia já tinha vivido um episódio grave. Na mesma região do alto Juruá, Perfeito Fortuna caíra doente repentinamente, acometido de uma febre violenta que lhe subtraíra todas as forças. Mal falava, não conseguia andar, nem mesmo se pôr de pé. Seus sinais de vida foram desaparecendo, num quadro que parecia agudo demais para malária. Sem nenhuma possibilidade de diagnóstico confiável, a única saída era removê-lo para fora da floresta.

Em maio os rios ainda tinham um volume razoável, e, sendo descida, os santos dariam uma ajuda. Durante dois dias, sob sol, chuva e vento, atravessando águas e matas ora de canoa, ora nas costas dos seringueiros do grupo, Perfeito foi carregado desfalecido ante a perplexidade de seus companheiros, agoniados com a responsabilidade por sua sobrevivência.

Na chegada a Cruzeiro do Sul, os sintomas começariam a sumir tão misteriosamente quanto tinham surgido. Era o final de uma viagem estóica, dois meses de andanças na mata densa, misturando trabalho exaustivo, desencontros afetivos, construção braçal e gerencial de um modelo pioneiro na floresta. Ela podia estar cobrando seu preço. Mas o mal em si nunca seria diagnosticado.

No caso de Virgínia, porém, nem a descida épica do Juruá nas costas dos companheiros seria possível. Com a medula em risco, ela não poderia sofrer nem um leve solavanco. Maca, imobilização, ambulância e estrada eram coisas do outro mundo. Daquele mundo, o único socorro disponível para a vértebra partida de Virgínia era a reza.

Enquanto parte do grupo foi procurar uma rezadeira, Bia acionou seu gravador a pilha com uma fita da Guru Gita, o mantra da Siddha Yoga. Não podendo evidentemente ser colocada numa rede, a acidentada foi posta embaixo de uma, no chão, para aproveitar o mosquiteiro que ia até o solo. Era um detalhe relevante, considerando-se que não estava apta a espantar mosquitos.

A rezadeira, uma senhora pequena e bem velha, chegou com a calma e a segurança de um cirurgião. Era a maior autoridade médica do local, e se comportava como tal. Para os urbanos, aquele socorro era quase um ato de desespero. Para a velha senhora, era a rotina da sua UTI espiritual.

A presença da rezadeira acalmou Virgínia. Ela realmente passou a sentir-se dentro da UTI — e já deviam estar injetando-lhe analgésicos na alma, pois a dor começou a sair do ponto crítico. A velhinha não tinha bisturi nem raios X, mas devia ter uma enorme intimidade com aqueles seres invisíveis que davam plantão na floresta — os que levavam poder de resistência aos Kaxinawá, ajudavam Krenak a ouvir os gritos mudos de Bia, travavam as balas que deveriam matar Macêdo. Embora estivesse sozinha, a rezadeira parecia se comunicar com muita gente. Deviam ser eles.

A equipe precisava decidir o que fazer com a expedição. Abortá-la ali seria abortar o próprio filme e jogar fora todo o esforço para realizá-lo, num timing que só podia ser aquele. Dois dias depois da sessão com a rezadeira, a dor se reduzira consideravelmente e a retomada gradual dos movimentos era nítida. Como essas eram as duas únicas formas de diagnóstico disponíveis, o grupo arriscou a decisão de providenciar a remoção de Virgínia.

O filme ia continuar. E agora era a parte em que a floresta derrubava o general.

Diego era um doce general. Toda sua tenacidade e agressividade eram concentradas nos objetivos táticos. No trato pessoal, era um irreverente, implicante, quase uma criança. Guerra e arte se misturavam na sua personalidade — parecia o irmão caribenho do Txai Macêdo. Índios e seringueiros acreanos, tradicionalmente desconfiados nos primeiros contatos, com Diego viravam amigos de infância em questão de minutos. Era sempre assim.

Como bom general, era o último a dormir e o primeiro a acordar. Ou melhor, o segundo. Quando o primeiro raio do dia o punha de pé, dava de cara com o Lampião já preparando a tralha e cantarolando alguma de suas canções animadas. Macêdo era imbatível. Passou a ser chamado pelos companheiros de Mais-Cedo. Os dois faziam uma boa dupla, e Diego parecia ter nascido também num seringal. Mas um nativo de seringal não cometeria o erro que ele cometeu.

Durante as filmagens numa localidade chamada Alto do Bode, nas terras mais elevadas do Jordão, área Kaxinawá, o diretor resolveu fazer uns takes caminhando no leito do rio. O nível das águas estava baixo e lhe permitia esse excelente ponto de vista. Concentrou-se no olhar rasante sobre o espelho d'água e desconcentrou-se dos pés submersos. A floresta, como sempre, estava pronta a lembrar ao forasteiro que não é playground. E fincou-lhe uma lança de madeira pontiaguda entre os dedos.

Diego sentiu muita dor, mas era um general. Arrancou o arremedo de estaca que ficara cravado no seu pé e continuou filmando. Mas a madeira entrara com força e deixara fragmentos dentro da ferida. A infecção evoluiu rapidamente e no dia seguinte o diretor do filme estava ardendo em febre.

Era o fim da linha. Numa operação difícil e angustiante como a retirada de Perfeito da floresta, Diego foi carregado

Luiz Garrido

Bia Saldanha e João Augusto Fortes,
pioneiros do business florestal,
fotografados para a revista *Vogue*

Bia com índios Ashaninka na assembléia
em que "estreou" na floresta

Equipe do couro vegetal sobe o rio Tejo,
na Reserva Extrativista do Alto Juruá

Defumação de lâmina do couro vegetal no rio Jordão (na foto, o índio José Kaxinawá)

Nair Benedicto

João Augusto e David Sadka, o representante
americano, no rio Gregório

João e Ailton Krenak – os "embaixadores"

Bia rumo ao igarapé: a foto da empresária de biquíni tirada pelo cacique Siã teria três donos

Bia com a seringueira Diva e o menino Marcelo ("quero ser fazendeiro") no seringal Madeirinha, às margens do rio Acre

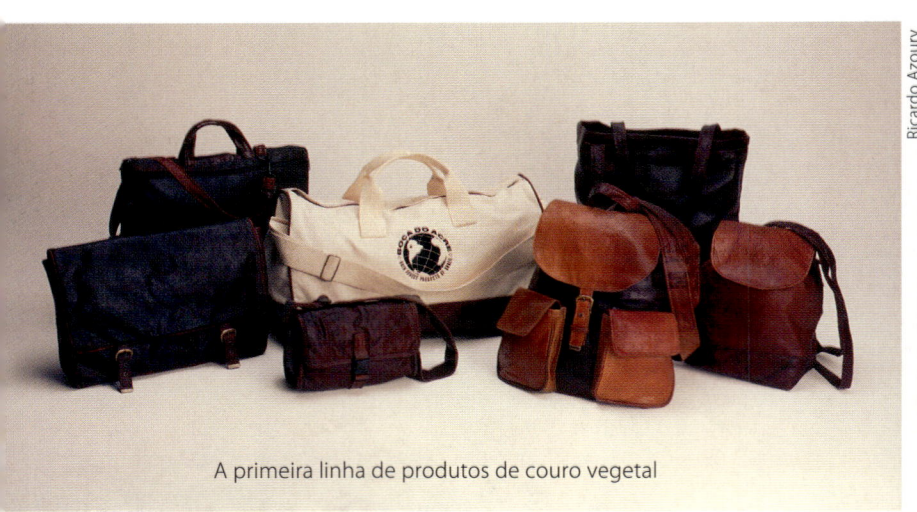

A primeira linha de produtos de couro vegetal

Ricardo Azoury

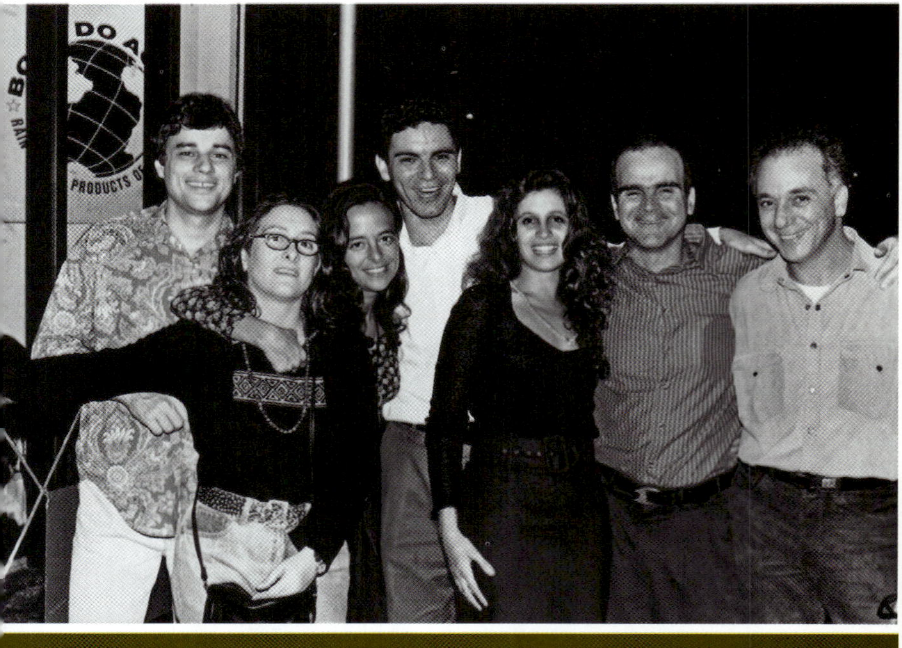
Bia, João Augusto e a equipe do EcoMercado (Paula, Robert e Fernanda), mais o amigo João Marcos (primeiro à esquerda) e o designer Jair de Souza (último à direita)

Ricardo Azoury

A empresária militante com Fernando Gabeira (e sua filha Tami) numa passeata em 1988, no início de tudo

Bia, com o filho Zé Roberto, sua âncora

O químico Dr. Outa, de 84 anos, o "mago" do couro vegetal

Paulo Semless, primeira ponte entre o seringal e a cidade, deixou o barco com a chegada do Dr. Outa

Dr. Outa, seu auxiliar Rubinho e Hamilton, o homem da chave

O seringueiro Antônio do Jaime, produtor de couro vegetal no Juruá

Bia e Wilson, seringueiro por opção e chefe da linha de montagem, em Boca do Acre

Siã pilota um batelão
no rio Jordão

Biraci Brasil, cacique Yawanawá:
parceria conturbada

Txai Macêdo, o homem de sete vidas, dirige o treinamento dos índios Yawanawá (auxiliado por Alberto, à esquerda)

Estande do EcoMercado na Rio-92, onde Macêdo descobriu Bía e João

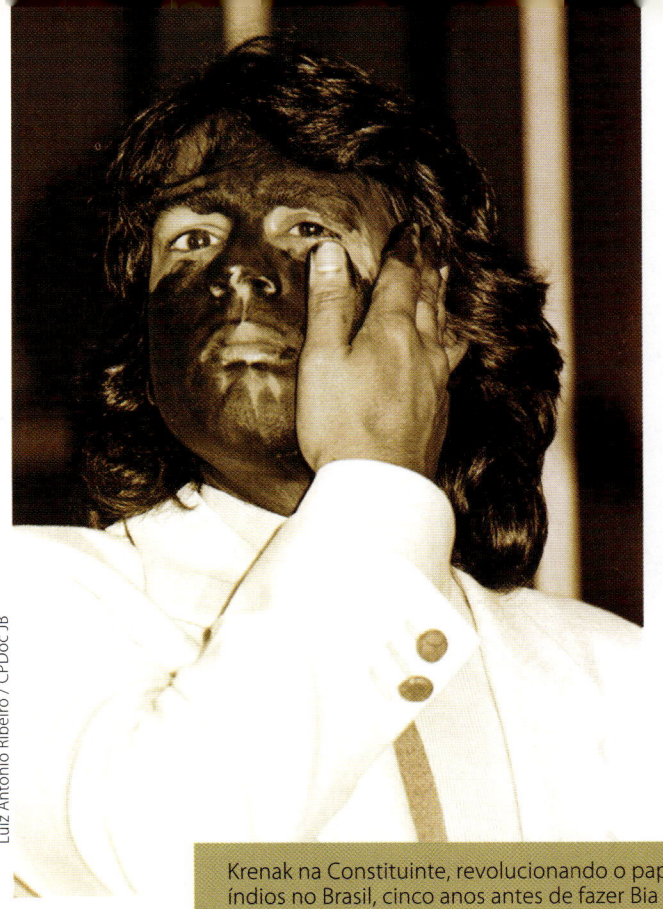

Luiz Antonio Ribeiro / CPDoc JB

Krenak na Constituinte, revolucionando o papel dos índios no Brasil, cinco anos antes de fazer Bia saltar

Chico Mendes no Jardim Botânico, saindo para a passe. pela orla do Rio, um mês antes de seu assassinato.

Sônia D'Almeida / CPDoc JB

s antropólogos Terri Aquino e Marcelo Piedrafita: o Estado de sandália e capanga

A trincheira de Marcelo e Terri na
imprensa acreana

CULTURA

PAPO
DE ÍNDIO

Txai Terri Valle de Aquino e Marcelo Piedrafita Iglesias

Queremos dizer aos bons leitores dessa coluna, que nossa ausência nas últimas
cinco edições do Página 20 deve-se exclusivamente à falta de tempo. Nesse
período estávamos redigindo os relatóri...          ...ficação de mais duas terras
...dos aos seringais da Amazônia, no 2°     emborrachado, ...nado, impermeável.

Página 20                                        Rio Branco, Ac., 12 a 18.05.96 · 15

Bia, Mary Allegretti, parceira de Chico Mendes, e Virgínia

Virgínia entre seringueiros: de Nova York para a floresta

Txai Macêdo com Perfeito Fortuna: show do combatente do Juruá no Rio

Inauguração da loja do couro vegetal no Centro Empresarial Rio:
Carlos Minc, Virgínia, Sirkis e João Augusto

Bia e Marcelo, união com a bênção da tia Myriam e do mestre Lin Fu Chi

Do coração da floresta, a carta de amor ditada pelo rádio

Carta a uma linda mulher gestante.

Companheira muito amada,

recebi notícia da cegonha dia 29, através de um anjo amigo de mame Vera. Marcamos conversa para antem, mas não houve. Resolvi escrever esta mensagem na esperança de te alcançar.

A nova sagrada semente encontrou-me num feliz mas mesmo tempo delicado momento. Feliz por estar encerrando lindo trabalho no Breu, rio de muitos modos; delicado por minha saúde. Ainda não estou bem de tudo. Luto para recuperar minhas forças e matar definitivamente esta forte malária.

Amo teu espírito e teu corpo, belíssima borboleta azul. Beijo as profundezas de teu ser e me despeço abençoando esta nova vida que está a se formar. Saúde, felicidade, tranquilidade e paciencia.

Aldeia Japinim, Rio Breu 31/7/96, na força do CIPÓ, da CURA da noite de antem.

Bia com o pequeno João Manuel na aldeia Yawanawá, às vésperas do acidente

O "antropólogo mais jovem do Juruá"

João Manuel com o pai: rede segura

Com o irmão, Zé Roberto, terapia da risada

Bia com Isabelle e Patrick, da Hermès, na marcha ao topo do mundo

Pasta Lap Top de couro vegetal, prêmio FIESP de Eco Design

O produto de Bia e João na vitrine da gigante do couro animal, em Roma

Bia, Wilson e João com o prêmio das Nações Unidas na África do Sul

Estande do Treetap em Johannesburgo

# Newsweek

# Jungle
# Economics

**Environmentalists thought they could save the rain forest and make money at the same time. They were wrong.**

BY MAC MARGOLIS

THIS TIME LAST DECADE, the world was worried sleepless over the fate of the Amazon rain forest. Beatriz Saldanha decided to do something about it. So she shut down her beachwear business in Rio de Janeiro and grabbed a backpack. Her plan: to bring an isolated community of Amazonian forest dwellers into the global economy. It was a loopy idea. And it worked. By bathing sheets of raw cotton in latex, gently milked from wild rubber trees, she came up with "vegetable leather," a tough, pliable fabric that could be fashioned into jackets, jeans and tote bags. Today her company, Amazon Life, is an international brand, with upmarket clients like Hermès, the Dutch bicycle maker Giant and the British cosmetics label Lush. But all that may soon collapse. Despite a modest operating profit, Amazon Life is $1 million in the red. Now its major creditor, the government-owned National Social Development Bank, is threatening to foreclose. "To us," the bank told her recently, "your company has failed."

The tale is sobering, not just for Saldanha and the small band of rubber tappers she employs but also for anybody concerned with the state of the Amazonian wilderness. For more than a generation, environmentalists, policy wonks and conscientious capitalists have locked arms to find a sustainable way of preserving the wilderness—sustainable for both trees and people. The idea was to help forest dwellers and rural settlers profit from the wilderness without destroying it. Tread gently, the wisdom went, and untold wealth could be had,

**STRUGGLE:** Amazonian latex won't keep Beatriz Saldanha (right) in business

plucked so lovingly from the wild that not even God would miss it.

By this thinking the Amazon, the world's biggest tropical rain forest, was not a shrine to nature but a living emporium, worth more in dollars and cents upright than uprooted. The steamy 10-story forest canopy had it all—herbs, oils, perfumes and elixirs, and perhaps someday even cures for AIDS or cancer. To Saldanha and countless other "ecocapitalists" who followed, such ventures were living proof of a bold conviction: that man and forest were fated to be not enemies but partners. Now she—and plenty of environmental-

ists—are wondering if it was all a dream.

Saldanha's saga is just one sign that this whole way of thinking about the business of conservation is in trouble. For one thing, it obviously hasn't put a dent in the destruction of the Amazon. Poring over satellite photos taken last year, Brazilian scientists discovered that 25,500 square kilometers of forest—an area the size of Belgium—had disappeared in 2002. Twelve years after the world pledged to mend its ruinous ways at the much-ballyhooed Earth Summit in Rio de Janeiro, the alternatives are also failing. Selective timber harvesting—culling mature trees without clear-cutting the forest—has proved costly and inefficient. Even bona fide "ecologically friendly" activities—such as collecting wild fruits, rubber and nuts—are money-losing propositions, or worse. The Switzerland-based Worldwide Fund for Nature warns that galloping global demand for "natural" remedies has pushed 4,000 to 10,000 plant species to the brink of extinction. Successful businesses take a heavy toll on the wilderness, while the most environmentally benign sustain only the trees.

That's not what Chico Mendes had in mind when he rallied a ragged band of rubber tappers to stop cattlemen from chopping down trees for pasture in Acre, in western Amazonia. The backwoods labor leader was shot and killed by an angry rancher 15 years ago for his trouble and became the world's first ecomartyr. His disciples understood that the power brokers in Brasília wanted progress rather than conservation, and they thought they had figured out a way to have both. Scores of forest-friendly projects like Amazon Life bloomed. The New Age beauty boutique

Imprensa internacional dá a notícia:
a floresta não é cor-de-rosa

Índios Kaxinawá, brigada de produção do Treetap

A dupla de ecoempresários com a ministra Marina Silva

ENTREVISTA / BEATRIZ SALDANHA

## 'Com tantos impostos é difícil sobreviver'

TRANSPARÊNCIA É A CARACTERÍSTICA DA EMPRESÁRIA BEATRIZ SALDANHA, PRE-
MIADA DIVERSAS VEZES PELA EXCELÊNCIA DO PRODUTO QUE VENDE, EM SUA
MICROEMPRESA COURO VEGETAL S.A., E PELO COMPROMISSO COM O MEIO AM-
BIENTE QUE DEMONSTRA DESDE A FUNDAÇÃO, EM 1991. E É DE MANEIRA CLARA
QUE ELA NOS REVELA SUAS CONTAS E CONCLUI: "COM A ATUAL CARGA TRIBU-
TÁRIA A UM PROCESSO COMPLICADO PARA SE CONSEGUIR PARCEIROS É IMPOS-
SÍVEL PENSAR NUM DESENVOLVIMENTO SUSTENTÁVEL". A COURO VEGETAL ESTÁ DEVENDO AO BN-
DES E A NEGOCIAÇÃO DA DÍVIDA ESTÁ DIFÍCIL, APESAR ATÉ DO EMPENHO DO DIRETOR DO BANCO,
CARLOS LESSA. BEATRIZ NÃO TEM DISCURSO RESSENTIDO. FAZ O QUE GOSTA, SABE QUE TEM RES-
PONSABILIDADE COM O PAÍS. MAS, TAMBÉM DE MANEIRA CLARA, ELA PÕE O DEDO NAS FERIDAS.

"Para micro
empresa, ser
responsável é andar
na lei. Mas para a
Petrobras tem que
muito mais"

"Não sejo retorno dos
impostos que pago.
Tem que fazer o papel
do Estado dando até
a carteira de identidade
para as seringueiros
no Amazonas"

pelos companheiros rio abaixo em estado crítico. A dificuldade crescia com o fato de que Siã era o único capaz de sustentar seu peso nos trechos mais longos em que precisavam apear da canoa. Bia não conseguia crer que seu projeto de devolver à irmã seu marido inteiro desabara aos 45 do segundo tempo. Àquela altura, a precariedade da situação era tal que apenas devolvê-lo, no estado que fosse, já seria uma vitória.

Alguns dias depois Diego estava em casa, mais debilitado do que na volta do front em El Salvador. A febre cederia, mas depois voltaria a acossá-lo de forma renitente. Não havia mais infecção, mas o mal permaneceria rondando-o por algum tempo, sem causas aparentes, misterioso. Perante a irmã caçula e a família, aquele mal-estar reforçaria a impressão de que o projeto na Amazônia era uma aventura de Bia — uma aventura eventualmente sem graça.

Problema maior era se o mundo também começasse a achar isso. E os acontecimentos nos Estados Unidos de repente tomaram um jeito de aventura macabra.

Algum tempo depois da devolução da primeira bota *seringeiro*, outro cliente apareceu na Deja pedindo o dinheiro de volta. Seu calçado Treetap estava se desintegrando. Depois dele mais outro, até que David Sadka, em Nova York, e João Augusto, no Rio, receberam a informação de que uma parcela expressiva dos produtos vendidos estava sendo devolvida.

A informação seguinte seria um pouco pior: toda a produção lançada fora devolvida.

A pressa em lançar o produto na Bloomingdales, talvez pela ansiedade em aproveitar a crista da onda Chico Mendes e Rio-92, e a fé cega no Deus marketing, tinham levado os americanos a uma decisão arriscada. Produziram todas as botas com as primeiras 4 mil lâminas de couro vegetal recebidas —

isto é, as que ainda não tinham passado pelo processo "industrial" do Dr. Outa. Um suicídio.

Alguns meses depois, tendo investido 5 milhões de dólares no Treetap brasileiro, a Deja iria à falência. Para Bia e João, aquilo era mais complicado que o látex e a mulher juntos.

# Txai, Txai, Txai

No escritório de João Augusto Fortes, a cena da véspera de Natal soturna de 1988 repetia-se quase sete anos depois: lá estava ele enviando faxes para o mundo, gritando de novo para divulgar uma notícia ruim.

Txai Macêdo estava preso no Acre.

Numa das reações mais imediatas, a Anistia Internacional soltava um comunicado de repúdio à prisão do sertanista e líder seringueiro. A entidade declarava que Macêdo era o primeiro "preso de consciência" na América Latina nos últimos dez anos, e exigia sua libertação.

Para João e Bia, que tentavam juntar os cacos do fracasso com a Deja, parecia coisa do demônio. E, de certa forma, era.

■ ■ ■

Um grupo de seringueiros que navegava o rio Tejo foi atingido por objetos lançados de um avião monomotor, após um vôo rasante sobre suas embarcações. Os objetos eram inofensivos. Garrafas plásticas de água mineral vazias, contendo pedaços

151

de papel com mensagens escritas por Antônio Batista de Macêdo, cinco anos antes de sua prisão.

Macêdo estava dentro do monomotor submetido a uma situação de alta pressão. Os seringueiros que navegavam logo abaixo dele viviam um momento histórico: levavam o estoque inaugural de provisões para a primeira reserva extrativista brasileira, recém-criada na região do alto Juruá.

A mercadoria era garantida aos seringueiros na lei da reserva, e tinha forte significado político, pois os emancipava dos armazéns dos "patrões". Mas estes tinham conseguido uma liminar da Justiça acreana impedindo os líderes do movimento, dentre os quais Macêdo, de subir até a área da reserva — para barrar a chegada dos mantimentos. Os patrões sabiam que os ribeirinhos não se moviam sem seus líderes. Mas dessa vez, articulados por estes para driblar a liminar, eles se moveram. E Macêdo estava sendo pressionado pelo próprio governo do estado para mandar seus homens recuarem.

Seria um gesto difícil para o Txai. Aquela reserva extrativista, seu sonho compartilhado com Chico Mendes, nascera de suas próprias mãos. No Conselho Nacional dos Seringueiros, Chico lhe dera a missão de fazer o projeto da reserva. Macêdo partiu para a expedição pelo alto Juruá, em que faria todo o levantamento de campo, com o equivalente a 30 reais no bolso (gastos no primeiro dia, com a estada em Tarauacá).

Voltou da viagem com um relatório que era, segundo ele mesmo, sem pé nem cabeça. Acostumado à transmissão oral mais do que à escrita, encheu o documento de desenhos, sinais gráficos e textos desconexos sobre o que conseguiu colher pelo caminho. Mesmo assim não se limitou a entregá-lo ao Conselho Nacional dos Seringueiros. Distribuiu amplamente o relatório confuso, até no meio acadêmico e entre autoridades federais.

A resposta foi um sucesso. Macêdo conseguira comunicar, por algum caminho entre a antropologia e a história em quadrinhos, a riqueza da vida no alto Juruá.

As adesões vieram de toda parte. Gente como Jorge Viana, técnico da Fundação de Tecnologia do Acre e futuro governador, o antropólogo Mauro Almeida, autor da minuta da lei das reservas extrativistas, economistas do BNDES e outros personagens altamente preparados se reuniram em torno do documento de Macêdo para colaborar com o projeto da reserva. Nascia a primeira área na Amazônia brasileira onde o seringueiro seria soberano por lei, e poderia viver livremente segundo sua própria cultura.

Do sobrevôo insólito no monomotor, Macêdo agora era forçado a mandar seus companheiros recuarem, não tomarem posse do que era deles. O Txai cedera ao jogo bruto e enviara a chuva de garrafinhas com a nova ordem.

Os seringueiros começaram então a recuar. Desceram em direção à cidade de Marechal Thaumaturgo, onde deveriam encontrar-se com representantes do governo para prestar esclarecimentos. Já tendo atendido à exigência dos coronéis locais, Macêdo saiu de cena. E foi celebrar sozinho sua manobra.

Nos bilhetes voadores, dissera aos seringueiros que eles deveriam recuar até Thaumaturgo para conversar com as autoridades. Mas completava: "Vocês já estão em casa. A conquista já está feita. Vão desistir dela? A decisão é de vocês."

Os quarenta seringueiros que recuaram para a negociação chegaram de mãos abanando. As 50 toneladas de provisões tinham ficado no rio Tejo exatamente onde estavam. O recuo era só para avisar às autoridades que não haveria recuo. Estavam seguindo em frente e tomariam posse dos 5 mil quilômetros quadrados da Reserva Extrativista do Alto Juruá, em nome da lei.

Os inimigos já tinham entendido que pegar Macêdo era uma tarefa complicada. Partiram então para uma estratégia mais ardilosa. Depois da liminar concedida para barrar a ocupação da reserva, estava claro que o Judiciário local era eventualmente dócil ao *establishment* acreano. Havia fartas notícias da presença de juízes e outras autoridades nas reuniões que tratavam de como deter o subversivo Chico Mendes. O jeito era "construir" o delito pelo qual Macêdo seria culpado e punido.

Um grupo de ribeirinhos resistira a uma ordem de despejo no município de Porto Walter, Vale do Juruá, em junho de 1991. Liderados pelo seringueiro Damião Gonçalves, juntaram oitenta homens, mulheres e crianças para "empatar" a ação da polícia contra uma família que vivia no mesmo seringal havia 40 anos. Os policiais foram recebidos com porco assado, redes confortáveis e a informação de que não sairiam dali.

Macêdo não participara do movimento, nem mesmo estivera no local. Mas o juiz que dera a ordem de despejo frustrada decretaria sua prisão, um ano depois, responsabilizando-o como mentor intelectual da resistência.

Era junho de 1992 e Macêdo fugiria para o Rio de Janeiro, onde se realizava a conferência mundial do meio ambiente. Enquanto se encontrava com Jane Fonda, com o couro vegetal e seus novos aliados, ganhava tempo e força para apelar contra os seus algozes. Essa luta se arrastaria por três anos, até que em 20 de setembro de 1995 viria o bote inapelável. Ao mesmo tempo que a sentença de prisão era confirmada, a polícia já esperava Macêdo na sua chegada a Cruzeiro do Sul, vindo de Rio Branco. Dessa vez, sem chance de manobras.

Confinado numa cela apertada, úmida e fétida, o Txai estava condenado a dois anos de privação da liberdade. Era um golpe duro no movimento político dos povos da floresta, que tinha em sua liderança onipresente no imenso Vale do Juruá — onde ajudara a transformar cada rio numa associação independente — boa parte do seu oxigênio.

Na linha de montagem do couro vegetal, por exemplo, ele era peça crucial na tradução daquele universo de fórmulas químicas, padrão industrial, Rio e Nova York para o alfabeto dos igarapés. Índios e seringueiros compreendiam a língua falada, cantada, insinuada pelo sertanista exótico. No episódio do relatório da reserva extrativista, um representante da associação do alto Juruá recebera o documento sem pé nem cabeça e o distribuíra entre seus colegas de forma singular: como o documento tinha trinta páginas e uma só cópia, ele decidiu dar uma página para cada seringueiro. Todos ficaram satisfeitos. E entenderam tudo.

Enquanto João, Bia e Virgínia (já sem o colete ortopédico, totalmente recuperada da vértebra fraturada) faziam soar o alarme no eixo Rio—Nova York, o foco da resistência à prisão de Macêdo concentrava-se numa pequena trincheira literária. Num canto do jornal *Página 20* saía uma coluna chamada Papo de Índio. Seu titular era Terri, o antropólogo com veia de romancista e vocação de repórter. Ele arranjara um jeito de obter relatos do prisioneiro de dentro do cárcere, e passou a transcrevê-los em sua coluna com toda a dramaticidade que a situação carregava.

Logo na primeira, descrevia as condições subumanas em que Antônio Batista de Macêdo encontrava-se detido, submetido a forte odor de mofo e urina, à fome e ao frio noturno. A carceragem não lhe permitira receber nem cobertas e colchão. O colunista passava então a palavra ao próprio preso:

Estou injustiçado em nome da lei. Estou preso por defender a liberdade. (...) Faço um apelo para que interfiram contra mais esta arbitrariedade cometida contra pessoas de bem, que há quase duas décadas vêm participando de forma ordeira das lutas dos índios e seringueiros do vale do Alto Juruá, esse canto tão bonito e esquecido da Amazônia.

O Papo de Índio era amplificado pelos outros canais da resistência — e transformavam o incomunicável Macêdo numa voz trovejante.

Terri já tinha sido decisivo em outro momento da cruzada do sertanista. Em 1980, depois que liderou a primeira grande marcha de índios a Brasília, em pleno regime militar, Macêdo fora expulso da Funai. Como o órgão era sua plataforma de ação na região, o golpe o desorientaria por um tempo. Foi quando apareceu Terri, convidando-o para voltar ao Estado. Não aquele do governo federal, mas o dele próprio — "o Estado de sandália e capanga". O antropólogo criara a Comissão Pró-Índio, uma espécie de Funai não-governamental, e Macêdo estava novamente empregado.

O "Estado paralelo" de Terri começara a nascer na cabeça dele ainda nas terras do velho Sueiro Kaxinawá, nos anos 70. Depois que a filha do cacique o mandara largar o caderninho de anotações e arregaçar as mangas, sua antropologia se misturou de vez com a vida dos índios. Numa de suas voltas a Rio Branco, em meio aos estudos para delimitação das terras no Jordão, o antropólogo apareceu com duas toneladas de borracha dos Kaxinawá para vender na capital. Aquilo era uma afronta aos "patrões", que controlavam todo o comércio do produto.

Não demorou a receber o recado, enviado pelas autoridades da repressão, para que sumisse do Acre. A perseguição foi denunciada no jornal *O Varadouro* pelo repórter Elson Martins — o que fazia trocadilho de identidade com o colega Edilson Martins, autor da entrevista histórica com Chico Mendes publicada após sua morte. Terri não só permaneceu na região, como arranjou emprego de jornalista no *Varadouro*.

A essa altura, sua antropologia participativo-jornalística já era quase, ela mesma, um movimento social. O jeito era oficializar o negócio criando uma instituição de verdade — que ficaria ainda mais robusta com a incorporação de Macêdo, o guru do Juruá. O Estado eram eles.

Por sua ascendência humilde e leal sobre os povos da floresta, Terri passou a ser tratado com a denominação Txai. E na virada para os anos 90, o antropólogo faria de um discípulo seu o terceiro Txai daquela conspiração. Marcelo Piedrafita não saíra impune do mergulho solitário no escritório do mestre. Num relance, sua vida migraria da praia de São Conrado para a floresta tropical do Acre — onde logo estaria pisando as terras para lá da Praia do Mu, carregando as sandálias e a capanga do Estado brasileiro.

Mal pisou as terras indígenas, Marcelo encaixou-se com perfeição na tal revolução do Juruá, e logo conquistaria sua patente dentro dela. Pragmático, não acreditava muito nessa história de predestinação. Mas os Kaxinawá lhe disseram de cara: não era possível que estivesse andando pela primeira vez dentro da floresta amazônica. Desenvolto, resistente, confortável em local tão inóspito aos forasteiros, parecia graduado na matéria — ele que só tinha no currículo as caminhadas no mato vizinho à favela da Rocinha.

Trazia consigo também uma boa resistência à solidão. Mais do que resistir, sentia-se bem sozinho. Até mesmo seu envolvimento com as mulheres fora bem mais tardio que o dos colegas. Talvez fosse um traço da infância com o avô que ficara viúvo cedo, e que lhe parecia uma figura tão tranqüilamente solitária. Aquele despojamento, quase auto-suficiência, tornava-se ingrediente valioso para um antropólogo que precisava se abandonar no meio de uma outra cultura, praticamente se fundir com ela.

Numa de suas primeiras expedições pelo Acre, Marcelo teve a companhia do dramaturgo João das Neves, profundo conhecedor da região e grande amigo de Terri. O homem das artes devorava a realidade ao seu redor, convertendo-a em poemas, textos líricos, analogias com a Grécia Antiga e as grandes óperas. O jovem antropólogo, tábula rasa, apenas se deixava impregnar pelo meio. A certa altura o diretor de teatro provocou-o:

— Meu irmão, você é um chato! Só pensa em sociologia, antropologia, sei lá. Olha aqui o meu caderno, olha quanta poesia tem pra você ver nesse lugar!

Da viagem, João das Neves extrairia a peça *Yuraiá, o rio do nosso corpo*, texto marcante da dramaturgia amazônica. Marcelo não extrairia nem uma linha de poesia: se tornaria um agente decisivo na demarcação das terras indígenas no Acre e na libertação dos povos da floresta — o Txai Marcelo.

O novo Txai seria convidado por Terri para assinar com ele o Papo de Índio. E a partir daquela tribuna acreana, a grita contra a prisão de Macêdo foi ganhando o mundo. Com a nota da Anistia Internacional classificando o sertanista como o primeiro prisioneiro de consciência da década, a Colônia Penal de Cruzeiro do Sul começou a balançar. O preso era, por assim dizer, importante demais para o lugar.

E ele mesmo foi tratando de esculhambar o ambiente. Informou ao agente penitenciário que precisava "dar uns telefonemas". Àquela altura, choviam cartas de protesto de toda parte não só sobre o presídio, mas sobre a Justiça e todo o governo do Acre. Seu carcereiro ainda lhe disse que não tinha o direito de telefonar, mas ele respondeu que tinha, e o outro achou melhor não contrariar. Em pouco tempo Macêdo não saía mais do telefone. Ia se tornando o preso incomunicável mais comunicativo da história.

Com uma semana de prisão, a Justiça informou-lhe que poderia cumprir sua pena em liberdade condicional, prestando serviços comunitários. O tipo de serviço estava previamente estabelecido pelas autoridades: Macêdo faria a faxina nos banheiros da penitenciária. Ele informou que preferia continuar preso.

Surgiram então outras opções de ações comunitárias, envolvendo trabalhos braçais ou degradantes, sempre com alguma conotação de humilhação para o sertanista. Era a parte psicológica da guerra política. Provocação. À medida que Macêdo recusava as alternativas, eram espalhadas insinuações de que ele estava preso porque queria.

Ao mesmo tempo, as pressões públicas tornavam-no um prisioneiro cada vez mais incômodo para as autoridades. Já que a solução adotada dessa vez não era um tiro do He-Man, dentro do jogo das leis o teatro estava se esgotando. E a Justiça enfim abriu as portas da cadeia para Macêdo ser porteiro de um hospital em Cruzeiro do Sul.

As pressões nacionais e internacionais contra a perseguição ao sertanista prosseguiram, mas quem mudou o rumo dos acontecimentos foi um personagem local. Magro e curvado, quase corcunda, voz miúda encobrindo a grande agressividade, o excêntrico procurador Luiz Francisco de Souza vinha se tornando o pesadelo das oligarquias locais. Debaixo do seu jeito de seminarista, sabia ser mais diabólico que o diabo.

Entre outras façanhas, ele faria história liderando a investigação que levaria à prisão o lendário deputado Hildebrando Pascoal, acusado de uma coleção de crimes bárbaros. Luiz Francisco resolveu intervir no caso de Macêdo.

Como procurador da República, entrou na Justiça Federal solicitando que a pena de serviços comunitários do sertanista passasse a ser prestada à sua Procuradoria. Ganhou a parada e decidiu a função que o condenado exerceria na sua nova prestação de serviços: gerenciar a produção do Couro Vegetal da Amazônia. Macêdo estava de volta.

■ ■ ■

No front amazônico, as quatro unidades de produção do couro vegetal — em Boca do Acre, no rio Gregório, no rio Jordão e na Reserva Extrativista do Alto Juruá — estavam a pleno vapor. As lâminas agora vinham com muito mais qualidade, após o aprimoramento da fórmula de produção e a absorção do know-how pelos índios e seringueiros. No front do mercado americano, as vendas tinham parado. Ou seja: o couro vegetal estava encalhando na floresta.

A falência da Deja Shoes coincidira com o fim do dinheiro do BNDES. João Augusto também já estava na raspa de suas economias. Dois milhões de dólares depois, o projeto da dupla de ecoempresários do Rio de Janeiro estava com as calças na mão. Bia e João encontravam-se numa sinuca de bico.

As projeções incríveis de multiplicação exponencial do faturamento tinham ido parar no divã. O mercado zombava dos cálculos dos economistas: depois da Deja, não surgira nem um só cliente da mesma dimensão. David Sadka, o animado representante nova-iorquino, não tinha resposta para o fenômeno. Foi tirado dos planos.

No Rio, o EcoMercado já tinha sido fechado e era preciso fazer mais cortes. Parecia estar virando pó a premissa de que um produto saído da floresta e transformado em utensílio chique se tornaria uma febre. Não havia febre alguma. O Treetap era um sucesso estrondoso de marketing. Mas ninguém avisara seus donos de que nuvem de badalação não significa chuva de vendas. Uma radiografia da empresa mostraria um ideal luminoso, um produto encantador e um departamento comercial fantasma. Agora era vender ou morrer.

Surgira a perspectiva de uma parceria com a Amway, gigante americana das vendas diretas. Ao mesmo tempo, agências de design abriam as portas para o mercado vigoroso dos brindes institucionais. Mas eram pássaros voando — e uma dívida na mão. O orçamento gigante ia ter que encolher, e os cortes não poderiam poupar a floresta.

O que dizer aos índios e seringueiros convertidos ao novo "evangelho da borracha", que viera melhorar suas vidas? Que esperassem um pouco, porque a conquista do mundo ficara para amanhã?

Bia queria afetar o mínimo possível a linha de montagem erguida na Amazônia. João sabia que não podiam virar uma *Florestobras*, em nome da estabilidade trabalhista nos seringais. Queriam no fundo a mesma coisa, mas de novo divergiram em torno de cifras e percentuais — agora no capítulo delicado do corte de oxigênio para os aliados na mata. Não se entenderam, e Bia decidiu redigir uma carta-bomba.

A tensão entre Rio, Amazônia e Estados Unidos deixara-a novamente com a sensação de que o projeto ia além da sua capacidade. Dessa vez não era feitiço. Ninguém estava tão no centro de tudo quanto ela, e a missão era pesada demais. João Augusto buscava mais racionalidade para o negócio, mas ela saíra da discussão com o sócio em estado de fúria, achando que ele queria recuar no front florestal. Sentia-se exposta e frustrada. Decidiu mudar de novo o rumo da sua vida.

Sentou-se em seu escritório no Centro Empresarial Rio e redigiu uma carta ao BNDES, às quatro associações de produtores no Acre e a Ailton Krenak. Informava que, naquele momento, estava se desligando formalmente do projeto do couro vegetal. Agradecia a todos pela parceria e desejava-lhes sorte no prosseguimento da empreitada. Ela já dera sua contribuição possível e estava deixando a empresa CVA de forma irrevogável.

Entregou a carta a Beatriz Fortes, irmã de João que se juntara ao projeto e vinha sendo importante na recuperação do segundo grande tombo. Pediu a Beatriz que enviasse o fax a todos os destinatários. Precisava sair do ar imediatamente.

Como Zé Roberto, seu filho, estava com o pai, Bia trancou-se sozinha, sem atender telefone, e fez do apartamento seu exílio. Aos poucos, porém, ele foi virando seu túmulo. O alívio foi dando lugar à angústia, e ela sentiu como se tivesse cometido suicídio. Subitamente achou que estava captando o sofrimento das almas que se matam e se arrependem na passagem. Sua madrugada foi ficando macabra.

Talvez tivesse cometido uma violência contra si mesma, e foi consultar o I Ching sobre isso. As respostas do velho oráculo chinês, sempre precisas para ela, não estavam clareando nada. Ela repetiu o ritual várias vezes, mas os hexagramas continuavam falando em caminhos abertos, travessia da grande água e outras imagens cheias de perspectiva. Dessa vez o oráculo se enganara.

Foi dormir com o dia nascendo e despertou logo em seguida, sacudida pelo pesadelo real de ter desistido da sua missão amazônica. Não tinha a menor idéia de para onde ir, nem mesmo de como começar o seu dia. Resolveu ligar para Beatriz Fortes e perguntar-lhe se alguém já respondera à sua renúncia. Ninguém respondera, nem poderia. A irmã de João não enviara sua carta-bomba.

A sensação de ser trazida de volta à vida por outra Beatriz, que não era seu alter-ego mas funcionara como superego, encheu-a de força novamente. Não só aprofundaria sua missão na Amazônia. Levaria sua vida para lá. O I Ching estava certo.

■ ■ ■

O namoro com o menino Pedro fora além da lua-de-mel na expedição do filme. Mas não muito além. Índia Potira estava um pouco tonta com seus cálculos femininos. Deslumbrara-se com as paixões amazônicas. Refreara as paixões amazônicas. Concentrara-se no alerta de Krenak e de seu próprio sonho sobre os perigos de um coração esparramado. Encantara-se com o rei mago de São Conrado. Decidira que ele seria seu. Recolhera-se de novo, protegendo-se da indiferença dele. Entregara-se a um garoto, cedendo ao pedido da pele (e, sem querer-querendo, avisando que não esperaria para sempre o príncipe encantado). Depois se isolara de novo — para concentrar-se na missão, e para não afugentar o grande amor, que nunca vinha... Era tudo muito mais complicado que o látex.

Um dia, Bia telefonou para a Comissão Pró-Índio e Marcelo Piedrafita atendeu. Sua voz doce e grave deu-lhe um frio na barriga. Tentando conter a tremedeira, ela respirou fundo e disse ao homem casado que desde que o vira não conseguira mais parar de pensar nele. Lacônico, ele deu a entender que sabia do que ela estava falando.

Pouco tempo depois, naquele final de 1995, Bia voltava com Krenak de mais uma viagem aos seringais quando recebeu a informação: Marcelo iria sozinho visitar a família no Rio de Janeiro e pegaria o mesmo vôo que eles em Rio Branco. Uma armação do destino.

Krenak ficou na poltrona da janela. A do corredor e a do meio ficaram para Marcelo e Bia. Era muita proximidade para uma viagem tão longa. No momento da decolagem, suas mãos se procuraram. E até o pouso no Aeroporto Internacional do Galeão não se soltaram mais.

# A TRAVESSIA DA GRANDE ÁGUA

O Estado de sandália no pé e capanga na mão tinha também idéia na cabeça. Krenak, Macêdo, Terri, Marcelo, Wilson, Nonatinho, Virgínia, Siã, Bira, João Augusto, Bia — o conclave de índios, empresários, seringueiros e antropólogos bateu à porta da política social do governo brasileiro para a Amazônia. E ela não seria a mesma depois disso.

Depois de fazerem as pazes novamente, Bia e João se deram conta de um dado óbvio. Todas as etapas da produção do couro vegetal, da instrução mais elementar no seringal até a performance numa megafeira em Las Vegas, era um arco grande demais para um projeto da iniciativa privada. Ter que injetar recursos materiais, humanos e logísticos na floresta com uma antecedência brutal em relação à venda do primeiro centavo, por exemplo, era demais para o balanço de uma empresa nascente. Precisavam de ajuda.

Recorreram ao Banco da Amazônia S.A., o Basa, para pleitear financiamento para o extrativismo da borracha na sua base de produção. O banco recusou. Não poderia oferecer aquela modalidade de crédito, até porque os seringueiros e índios nem tinham documentos de identificação que lhes permitissem figurar num contrato daquele.

O conclave do couro vegetal não recuou. Se não existia aquele tipo de financiamento, devia ser porque faltara alguém para inventá-lo.

Inventaram. Junto com os técnicos do Basa, deram subsídios ao Programa de Desenvolvimento do Extrativismo (Prodex), um mecanismo novo de crédito público que poderia ser moldado para a situação do Juruá. E a falta de carteira de identidade dos ribeirinhos não seria problema. O couro vegetal daria uma de cartório, e passaria sua base de produtores por um banho de loja burocrático — repetindo o Parente-Amigo, o lendário avô de Terri.

Era a cidadania sendo levada de capanga mata adentro, um percurso estóico que chamou a atenção da senadora Marina Silva. A parceira histórica de Chico Mendes quis conhecer melhor aquela trupe. E gostou dela. O couro vegetal ganhava uma aliança de peso.

O princípio do desafogo apareceria ao mesmo tempo nas duas pontas do empreendimento de João e Bia. Enquanto arquitetavam o financiamento pioneiro na mata, colhiam enfim boas notícias no front comercial. A equipe de Fórmula 1 Williams, em cujo carro Ayrton Senna morrera, queria reforçar a marca do Brasil em sua parceria com a Petrobras (fornecedora do combustível de corrida). Passou a procurar um brinde elegante, que ao mesmo tempo trouxesse um forte traço de brasilidade. O couro vegetal foi indicado.

Dessa vez, com os clientes vips da Williams, as bolsas e os acessórios do temperamental produto da dupla carioca se comportaram bastante bem. Nada de surfar no sucesso e se derreter na praia. Surgiram então encomendas da gigante Coca-Cola, logo seguida pela potência emergente da telefonia TIM-Brasil.

O Comitê Olímpico Internacional também queria, e instituições nacionais de grande alcance como a Companhia Vale do Rio Doce e a Confederação Nacional da Indústria engrossaram a adesão ao couro vegetal — que era bonito e original. E era Amazônia, Chico Mendes, Brasil.

Enquanto o dinheiro voltava a entrar, Bia e João recebiam sinais de que seu sonho não se desmanchara junto com as botas da Deja Shoe. Correra nos Estados Unidos a versão de que a falência da empresa ecológica, até então premiada e promissora, se devera ao colapso dos calçados *seringeiro*. Isso poderia ter ferido de morte a reputação do couro vegetal no maior mercado do mundo. Mas os ventos daquele início de 1996 pareciam mesmo convidar para a travessia da grande água: o produto de João e Bia estava convidado para estrelar em outubro a Semana da Amazônia em Nova York. Um sinal inequívoco de prestígio. Havia vida após a morte.

Para os negócios e para o coração. Depois de decidir que Marcelo seria dela — sem combinar isso com ele —, Bia tivera que matar seu sentimento a facadas. Além de indiferente, ele lhe tinha sido hostil. Não estava na dela. Um homem minimamente interessado numa mulher não age assim. Mas também não viaja de mãos dadas do Acre até o Rio de Janeiro.

Como dois adolescentes, se despediram na chegada ao Rio sem muito falar, sem ir além daquele longo enlace de mãos. Como não eram adolescentes, aquilo encerrava no mínimo um enigma. O que haveria entre aquelas duas poltronas? Um desejo esperando para explodir, ou só o início de uma amizade carinhosa? Talvez dar a mão assim tão longamente fosse algum jeito indígena de manifestar simpatia que o antropólogo tivesse adotado. Fosse o que fosse, o coração de Bia tinha ficado de novo em chamas.

A essa altura, a empresária não conseguia mais parar no Rio de Janeiro. Os treinamentos de índios e seringueiros, o filme, a prisão de Macêdo, a criação do financiamento ao extrativismo, a sedução natural e humana da Amazônia, os olhos azuis daquele Txai misterioso... Um mês depois ela já estava de volta ao Acre.

Os deuses da floresta bem que poderiam colocá-la de novo com seu príncipe no igarapé, como no encontro mágico de dois anos antes. Era algo surrealista ter estado numa situação tão íntima com ele, a sós e nus, logo que se conheceram, e depois passar dois anos abafando seu desejo em encontros duros e esparsos. A vida tinha oferecido o doce e depois o tirara da sua boca. Não era justo.

Os deuses não marcaram novo encontro no igarapé. Mas marcaram num açude. Ficava no sítio da Comissão Pró-Índio, uma área de transição da cidade para a floresta nos arredores de Rio Branco. Não seria um encontro a dois. A turma de combatentes da revolução do Juruá ia dar um tempo ali, para relaxar, ter idéias e se divertir. Levar ao pé da letra o "trabalhar brincando" do Txai Macêdo.

Quando Bia soube que o outro Txai, o "seu" (que não era seu), ia estar na brincadeira, a tremedeira recomeçou. A amiga acreana Vera, que a socorrera no episódio do feitiço na casa de Terri, notou o seu estado e disse que dessa vez não havia nada a fazer: "Vixe! Isso aí é paixão."

Vera era uma das várias ex-mulheres de Terri, mãe de dois de seus oito filhos. Depois de passar dos 20 anos de idade só pensando em futebol, Garrincha e na vida de seminarista, Txai Terri mergulhara nos encantos do universo feminino. Sem perceber, tornara-se um sedutor, um pesquisador da alma das mulheres que cruzavam seu caminho. Da alma e do corpo. Se o Acre era a estação romântica descrita por Virgínia, o antropólogo era um dos seus pontos turísticos (que a própria Virgínia não deixaria de visitar). Bia também não passaria despercebida pelo seu radar.

O radar de Siã não só registrara a empresária, como capturara sua imagem (sem problemas com royalties). Prêmio Reebok pela libertação dos Kaxinawá, sempre bem-equipado e tecnologicamente atualizado, o cacique tirara uma foto muito expressiva de Bia entrando num igarapé de biquíni, cheia de movimento e graça, um flagrante emblemático da sua carioquice amazônica. Siã costumava andar com a foto junto de si, até o dia em que ela sumiu. Tinha sido roubada por Terri.

Bia entrara no campo de pesquisas do antropólogo. E ele também estaria no encontro do lago. No Acre podia-se morrer de atentado, de malária, de onça, menos de falta de emoção. E a que estava reservada para a dona do Treetap naquele retiro tão aguardado era azeda: na última hora, Marcelo decidira não ir.

Mais uma vez, Bia caía na real. Estava em busca de um homem comprometido, que nunca lhe dera uma pista de que pretendia virar sua vida na direção dela. Aquilo estava virando uma gincana insólita, quase masoquista. Sua cabeça deu-lhe a ordem para bater em retirada. Seu coração mandou-a ir em frente com tudo.

O I Ching continuava lhe dizendo, incondicionalmente, que era favorável atravessar a grande água. Vai ver a ajuda viria dos ventos orientais. Por acaso, aproximava-se a noite de Mahalakshmi, a virada do Ano-Novo indiano. Bia teve a intuição de que ali estaria também a sua virada pessoal. Organizou uma ceia na casa de Vera e convidou poucas pessoas, dentre as quais Terri e Marcelo. Em se tratando de uma noite oriental, confiou que também apareceriam por lá seus mestres Lin Fu Chi e Gurumayi. Dessa vez, entre pessoas e espíritos, ninguém faltou.

Foi uma ceia com mais música do que comida, mais charme do que conversa, mais pretexto do que celebração. Pela primeira vez, o clima do igarapé estava de volta. Ao longo da noite, Bia e Marcelo foram ficando cegos para as outras pessoas, palavras, móveis, objetos. Eram os objetos únicos e absolutos das intenções um do outro — as primeiras e as segundas. Estavam de novo a sós no meio do nada.

No final da noite, o impulso das mãos dadas no avião reapareceu, muito mais poderoso, sem barreiras. Não dava mais para confundir com simpatia carinhosa. Era o desejo explodindo. Dois anos depois da promessa do igarapé, Bia e Marcelo entregaram-se um ao outro.

Estavam cegos ao contexto, mas o contexto não estava cego a eles. Beijaram-se ardentemente ali mesmo, no meio da ceia oriental, com poucas chances de privacidade. Desligando seu radar, Terri interveio com a solução providencial: entregou a chave de sua casa aos amantes. Disse que se ajeitava por aí. Era a casa de onde Bia saíra ardendo em febre, no embate sobre a imagem dos índios. Agora voltava para ser novamente enfeitiçada.

Marcelo costumava dizer que não disputava mulher com amigo. Terri não renunciava a mulher por causa de amigo. Assim confiscara a foto de Siã. Mas também não jogava amizade fora por causa de mulher. No dia seguinte, quando Marcelo foi devolver-lhe a chave de casa, recebeu do mestre um presente: era a foto que Siã tirara de Bia de biquíni no igarapé. A dedicatória no verso transformava-a numa espécie de documento:

"Cumpadi, essa foto agora é sua. E essa mulher, que um dia eu quis pra mim, agora te pertence."

Com a bênção do Txai e dos espíritos orientais e florestais, Bia e Marcelo estavam livres para pertencer um ao outro. Ela estava radiante ao sentir o quanto sua paixão era correspondida, ao comprovar que naquele homem tão discreto e impassível se escondia um sentimento tão forte por ela. Em meio às delícias da conquista, porém, algo daquele enigma permanecia no ar. Ele continuava falando pouco, especialmente quando a conversa apontava para o futuro.

Num desses momentos, Bia resolveu parar de domar sua aflição e espetou-lhe a pergunta inevitável: o que ele pretendia com ela? A resposta, para variar, foi enigmática:

— Eu aqui sou um passarinho.

A linguagem metafórica irritou-a, e foi imediatamente cortada na raiz:

— Como assim, um passarinho? Não entendi. Você pode ser mais claro?

— Eu estou de passagem...

Num segundo, ele viu desaparecer qualquer vestígio de doçura na mulher apaixonada. Mais uma vez ela ia ter que mostrar quem era por trás do disfarce involuntário de gatinha carioca. Nem o deixou continuar:

— Está de passagem? Então pode passar. Aqui não tem conversa pra passarinho. Ou é tudo, ou é nada.

■ ■ ■

A vaca Brigitte não foi convidada para a inauguração da nova loja. Um ano depois do fechamento do EcoMercado, João Augusto Fortes e Bia Saldanha estavam de novo com uma vitrine badalada na Zona Sul do Rio. Agora, nada de hambúrguer politicamente correto e outras bugigangas ecológicas. Era a loja do couro vegetal, a ponta de lança carioca da marca internacional Treetap. Não mais uma tentativa bem-intencionada. Uma realidade.

**171**

Os novos ventos a favor tinham levado João a mais uma cartada ousada. Com as perspectivas de mercado se concretizando, e a afirmação do produto em termos de qualidade e de conceito, o empresário calculou que era hora de ir ao ataque. Reuniu suas últimas fichas de investimento pessoal e bancou a montagem da nova loja no Centro Empresarial Rio. Era a semeadura final para a grande colheita que estava por vir.

Em outubro de 96, João e Bia chegaram à Semana da Amazônia em Nova York com ares de celebridade. O evento no World Trade Center reunia autoridades dos dois países, incluindo o presidente Fernando Henrique Cardoso, artistas e personalidades da moda. Todos saudavam a dupla de empresários brasileiros que se associara ao povo de Chico Mendes para conectá-lo com os mercados modernos.

Aos 45 e 32 anos de idade, eles inscreviam seus nomes na vanguarda do ecobusiness, com um produto de ponta que protegia a floresta de forma inteligente e lucrativa. Índios e seringueiros multiplicavam até 15 vezes sua renda produzindo o couro vegetal. Bia e João eram o futuro.

Num intervalo do evento, os dois escapuliram até o templo da Siddha Yoga em South Fallsburg, próximo a Nova York. Chegaram para a sessão do *darshan*, onde receberiam a bênção da guru. De joelhos, curvados com a cabeça apontando para o chão, lado a lado, esperaram para sentir a batida da pena de pavão com que Gurumayi tocava seus discípulos. Antes do gesto sagrado, porém, a líder espiritual quebrou o silêncio e dirigiu-lhes uma pergunta, do nada:

— *Are you working together?*

Os dois responderam que sim, estavam trabalhando juntos, esperando para ver aonde a guru queria chegar com aquela indagação inesperada. Mas ela já tinha chegado. Apenas sorriu e concluiu:

— *Great!*

Poderia ser um diálogo banal em qualquer contexto, menos naquele. Um guru mede milimetricamente suas palavras. Enfim, não fala à toa. Perguntar se Bia e João estavam trabalhando juntos não era como perguntar se eram casados ou tinham filhos. A pergunta tinha a ver com a bênção. Depois da aprovação sorridente, desceu-lhes a pena de pavão. Os sócios saíram do templo convictos de que não podiam mais se separar.

A temporada da Semana da Amazônia foi encerrada na casa de um fotógrafo de moda consagrado em Nova York. Javier Alvarez, um argentino radicado em Manhattan que fotografava para revistas como *Vogue* e *Marie Claire*, fizera questão de oferecer um jantar à dupla brasileira em seu amplo e elegante apartamento na ilha. Era amigo de Maurizio Benadon, um designer italiano ex-namorado de Virgínia, da turma que andava com os Rolling Stones e respirava diversão e estética.

Maurizio morava no bairro de Chelsea num prédio inteiramente reconstruído por ele mesmo, pois não se contentara com as opções arquitetônicas já existentes. Sua obra acabaria virando locação para o filme *O fantasma da ópera*. O amigo Javier também não abria mão de suas preferências estéticas. E ficara fascinado com as bolsas de couro vegetal. Pediu a Maurizio que intermediasse a aproximação com os seus criadores.

O jantar no apartamento do fotógrafo foi quase um segundo tempo do evento oficial, a considerar pelo número de vips que ele mobilizou para conhecer o Treetap. Entusiasmado, em dado momento puxou Bia e João num canto e lhes disse, solene:

— Esse produto precisa ser colocado nas mãos de uma empresa de moda muito poderosa. Aí ele vai explodir no mundo inteiro. Eu vou ajudar vocês.

Os donos do Treetap ficaram lisonjeados. Por outro lado, estavam vacinados contra os atalhos para o paraíso e as promessas estratosféricas. Andavam preferindo as coisas que a mão podia alcançar. E uma que acabara de ser alcançada era a parceria com a Amway.

A negociação com a gigante das vendas diretas fora bem-sucedida. A rede americana distribuiria um novo produto Treetap — uma agenda 1997 de couro vegetal, toda ilustrada com imagens da floresta pintadas pelos próprios índios do Juruá. Era um produto imponente, e com o maior vendedor do mundo a seu lado, João e Bia decidiram confeccionar 20 mil unidades, sem modéstia no preço. Dali viria uma receita significativa para firmar a virada da empresa para o azul.

Em novembro, o lançamento da agenda se transformou em pajelança urbana. Os dois sócios decidiram produzir um show misturando artistas da floresta e da cidade, e escolheram o lugar mais exótico possível: dentro do Centro Empresarial Rio.

Um grande palco foi montado na área livre do térreo onde normalmente circulavam os executivos engravatados entre as colunas de mármore, exatamente em frente à nova loja Treetap. Entre as vozes que sacudiram o templo do business estavam as dos cantores Evandro Mesquita e Paulo Ricardo, dos "Asdrúbal" Regina Casé e Perfeito Fortuna, e a de um outro popstar que certamente ninguém nas redondezas jamais escutara: Txai Macêdo.

O sertanista, seringueiro e ambientalista, homem de muitas facetas e muitas vidas, era o ponto alto do show — e nenhum espectador ou passante imaginaria que aquele artista com cara de Lampião pop, voz profunda, violão bem dedilhado e repertório inusitado estava ali cumprindo pena de prisão em regime (muito) aberto.

Macêdo transformou o saguão de mármore do Centro Empresarial num seringal. Assim como seu relatório sem pé nem cabeça que deu origem à primeira reserva extrativista brasileira, sua música e suas histórias tinham a alma, o cheiro da Amazônia. Depois que sobreviveu milagrosamente aos dois atentados, os coronéis do Juruá passaram a alimentar na região a crença de que o Txai tinha um pacto com o diabo. Várias famílias ribeirinhas passaram a fechar suas portas e janelas quando ele se aproximava com seu violão.

Macêdo então ficava, como numa seresta, cantando e dissertando diante da casa fechada. Invariavelmente os moradores acabavam aparecendo e convidando-o para entrar. Ele tinha todas as chaves da floresta.

Parecia ter as da cidade também. Ver a platéia carioca dançando com sua música era uma espécie de vertigem para o Txai, que fora atração pela primeira vez aos oito anos de idade, por saber ler e contar histórias numa região de alfabetização escassa. Numerosos grupos de adultos se reuniam em torno do menino nos seringais Kaxinawá, para se entreter com seus conhecimentos da geografia amazônica e sua fluência "política".

À medida que crescia, ia enriquecendo os casos sobre a história do Brasil, das "invasões chamadas de descobertas", conforme a visão crítica que ia extraindo dos livros trazidos pelo pai, Raimundo Batista de Macêdo — um paraense que ficara no Acre por acaso. Fora para lá ainda garoto, acompanhando a madrinha, que se apaixonou por um golpista e acabou abandonada só com a roupa do corpo. Foram ficando ali por falta de meios para voltar.

Quando Raimundo se sentiu apto a regressar ao Pará, Macêdo e seus irmãos já tinham nascido no seringal Transval, rio Muru, na região de Tarauacá. Escreveu então uma carta ao pai, que estava em Belém, contando que finalmente se preparava para voltar à terra natal, e ele iria conhecer os netos, nascidos no Acre. A resposta foi franca e repleta de orgulho paraense:

— Volte, mas não me traga nenhum acreano.

Assim Macêdo ficou no Juruá. E, quando seu pai o viu rodeado de adultos, dominando aquelas platéias ainda com dentes de leite na boca, sentenciou: "Meu filho vai longe, vai ser doutor." Doutor não era bem o caso, mas longe ele fora. E agora recebia os aplausos de uma platéia cheia de doutores, mais do que alfabetizada, muito distante do rio Muru. E entre os fãs mais animados estava uma mulher grávida, saltitante, ainda com jeito típico de garota carioca. Bia carregava na barriga um filho de Marcelo, e já decidira: ele seria acreano, como o filho de Raimundo Batista de Macêdo.

O passarinho não tinha propriamente pousado. Depois da conversa tudo ou nada, Marcelo já havia oficializado sua separação e saíra de casa. No aniversário de Bia, apareceu no Rio de Janeiro e foi à comemoração na casa da irmã Maria Dulce. Dois anos depois da celebração solitária dos 30 anos no vôo cego para a floresta, o coração da empresária festejava o novo ritual de acasalamento. Na primeira volta dela ao Acre, agora para viver enfim seu grande amor, encontrou-o morando num conjunto habitacional popular de Rio Branco. Ali seria a lua-de-mel.

O antropólogo sabia que a chegada à sua nova casa seria para a estilista, no mínimo, um choque estético. Antes de mais nada, desculpou-se pela precariedade da moradia. Mas ela mal compreendeu a ressalva. Aos seus olhos, o lugar parecia profundamente romântico.

Durante uma semana, só as paredes descascadas do novo lar teriam notícias do casal. Nada de missão, nada de floresta. Aquele mafuá de cimento era, de repente, o lugar mais encantador da Amazônia. Mais apaixonada do que nunca, Bia sentiu-se em casa. Mas não estava em casa.

Sua casa era muito longe dali, no Rio de Janeiro, e a casa de Marcelo também não era só ali — era nos milhares de quilômetros quadrados de matas, rios e aldeias por onde ele passarinhava. A lua-de-mel terminava cheia de reticências. Quando exatamente se veriam de novo?

O encontro seguinte aconteceria mais de um mês depois, e o próximo capítulo não era promissor: num telefonema para o Rio, o antropólogo anunciava que em breve mergulharia numa viagem de três meses pelo coração da floresta, incomunicável. Perspectiva aflitiva. Em uma semana a saudade antecipada já a dilacerava. No intervalo de uma reunião em Brasília, a empresária ligou para Rio Branco e não conseguiu localizar seu namorado. Fez contato com a Comissão Pró-Índio e ficou sabendo que Marcelo já tinha viajado.

A pessoa informava, no entanto, que ele voltaria no dia seguinte à cidade, para apanhar um rádio que ficara faltando à expedição. Em poucas horas Bia estava dentro de um avião para Rio Branco.

Era um impulso, ela sabia. Um impulso que fazia vista grossa à distância, ao tempo, ao dinheiro. Mas precisava vê-lo, nem que fosse por um instante. Desembarcou agoniada com a possibilidade de que ele já tivesse partido de novo. Encontrou-o finalizando os últimos preparativos. Abraçaram-se como se tivessem passado um ano sem se ver. A expedição teve que esperar um pouco: o abraço duraria três dias.

Um mês e meio depois, Bia descobriu no Rio que estava grávida. Não sabia como Marcelo reagiria. Nem tinha como falar com ele. Ligou para Vera e lhe deu a notícia. Eufórica, a amiga acreana disse que ia dar um jeito de fazer o antropólogo ficar sabendo. Foi à Comissão Pró-Índio e pediu uma tentativa de contato por rádio. Era um sistema de transmissão que interligava simultaneamente diversos receptores floresta adentro. Por ali passavam notícias, músicas, recados, tudo na mesma freqüência. Ou seja: qualquer mensagem era necessariamente ouvida por todos os que estavam sintonizados em cada seringal ou associação.

Quando os operadores captaram a voz de Marcelo numa aldeia do rio Breu, no alto Juruá, chamaram Vera para junto do transmissor. Ela sabia que tinha que arranjar um jeito de ser discreta, e tentou:

— Alô, Marcelo! Aqui é Vera. Tenho uma coisa muito íntima pra te falar.

Com aquela introdução, evidentemente, a mensagem discreta tinha tudo para virar campeã de audiência na rádio floresta. Vera então teve a idéia de falar em inglês, língua estranha a quase todos na região, inclusive ela:

— *Have a baby. Ok? Six weeks.*

Do outro lado, o antropólogo não estava entendendo nada:

— Hein? Como é que é, Vera? Do que você tá falando?

A mensageira, com seu gênio forte misturado à delicadeza da situação, foi mais enfática:

— *Has a baby! Câmbio! Baby, porra! Six weeks!* Ela mandou te avisar.

A última frase em português é que fez a ficha cair para Marcelo. "Ela" só podia ser Bia, e aí o "baby" fez sentido. Ele fez uma pausa e pediu a Vera que voltassem a fazer contato mais tarde. A mensageira preferiu esperar para comunicar à amiga que a notícia fora dada. Era melhor saber primeiro qual era o estado de espírito do futuro pai, o que ele tinha a dizer sobre aquilo. A espera valeu. Marcelo tinha escrito uma carta de amor a Bia. E ditou-a pelo rádio.

Desde que decidira que o "Jesus Cristo" seria dela, pela primeira vez a missionária do couro vegetal sentia, de verdade, que sua decisão não era mais unilateral. Sempre tão discreto, tão reservado, ele revelava na carta a profundidade com que vivia aquela comunhão, agora encarnada num fruto.

Marcelo era um espiritualista forjado fora das igrejas. Seu primeiro insight de humildade viera com a força de um dogma cristão no meio do mato, longe das missas e catequeses. Chegaria a participar, com Terri, da expulsão de missionários evangélicos das terras indígenas do Jordão. Sua fé era antimessiânica. Tomava ayahuasca passando ao largo das tais miragens sobre uma floresta encantada e cor-de-rosa.

— Floresta é lugar de trabalho — costumava dizer, sem economizar no anti-romantismo.

Cronicamente sincero, crítico, quase cáustico, ironizava os forasteiros que baixavam a toda hora no Acre com planos salvacionistas: "Essa terra deve ser o pára-raio das utopias..." Incluindo a utopia do couro vegetal, que na chegada não escapou do seu crivo, já encampando a tradicional desconfiança dos acreanos: "Vão cortar um dobrado pra vender esse peixe aqui."

Bia cortara um dobrado não só para vender, como para fisgar seu peixe. E a carta de amor do homem que não dourava pílula, devoto da verdade, dava um sentido quase religioso àquela união, e àquele filho gerado num encontro improvável. Mas a notícia seguinte ia neutralizar boa parte daquela magia. Ao fim dos três meses de viagem, o antropólogo ia emendar em outra expedição. Ficaria outros três meses isolado. A floresta era lugar de trabalho.

Como pode alguém que acaba de saber que será pai informar à mulher que só a verá com seis meses de gravidez? Enquanto tentava entender os vôos do passarinho, ela sacramentou, sozinha como sempre, mais uma decisão complexa em sua vida: ia se mudar para o Acre.

A primeira complexidade envolvia Zé Roberto, seu primeiro filho, então com 12 anos. Não abria mão de levá-lo, e teria que cortar muitos dobrados para vender esse peixe ao pai dele, o artista plástico José Bechara. Era uma relação respeitosa, mas delicada, como todas que passam por uma separação abrupta. E teria que encarar também o resto da família, mais uma vez com o carimbo de atirada, fanática, ou no mínimo exótica.

As circunstâncias iam favorecer esse "choque cultural". Seus compromissos empresariais só lhe permitiriam fazer a mudança de 1996 para 1997, portanto já muito grávida, como se diz. E o Acre ficava bem para lá do Jardim Botânico. O script da mudança exigia algumas idas a Rio Branco para aluguel e reforma de casa, procura de escola para Zé Roberto, preparativos para o bebê e para o parto. Maria Dulce não assistiria placidamente àqueles deslocamentos frenéticos da irmã pelo mapa do Brasil com a barriga crescendo. Nem ela nem Christiana, a irmã mais velha, nem seus pais, nem ninguém do numeroso e participativo clã Saldanha.

Mas havia um dobrado redobrado para cortar. E era com um membro de outro clã: João Augusto Fortes.

As expectativas financeiras da empresa pareciam querer mostrar-se mais indomáveis do que o látex. Sendo um produto novo, para ter um retorno realmente lucrativo de todo o investimento feito, o couro vegetal precisava de um consumidor que reunisse três elementos em doses razoáveis: consciência, sofisticação e dinheiro. Era uma combinação mais comum na Europa, onde a fertilização do terreno comercial custava caro. Catálogos, feiras, prospecção de clientes e representantes — para vender direito era preciso gastar.

A rigor, o chefe do departamento comercial do Treetap continuava sendo o carisma de Chico Mendes. Seus assistentes diretos eram a beleza do produto, a simpatia e a badalação. Para enfrentar as idiossincrasias do mercado, era pouco. No Brasil, o retorno das vendas a varejo vinha a conta-gotas. A nova loja fechava seu primeiro ano mergulhada no vermelho.

A parceria institucional com as multinacionais trazia algum oxigênio, mas eram pedidos estanques, e nem sempre regulares. Nos Estados Unidos, a resposta do consumidor oscilava. A Amway (somada a outros distribuidores menores) venderia 12 mil agendas de 1997, mas isso significava um encalhe de quase metade da produção. Lucro zero. Mais uma receita considerada certa que não comparecia ao fechamento das contas. Ia ficando difícil fechá-las.

E na retaguarda havia um dado bombástico. O BNDES decidira não converter suas debêntures em ações. Desistira de ser sócio. Isso significava, para Bia e João, que o investimento de 1 milhão de dólares virava, do dia para a noite, dívida. E os juros já estavam correndo.

A nova loja fecharia as portas antes do seu primeiro aniversário. A dupla estava quebrada. E no momento em que se sentavam, aturdidos, para discutir a relação, ela estava se despedindo para ser mãe no Acre. João não teve dúvidas: propôs acabarem com tudo. Era, evidentemente, o fim da linha.

— Acabar? Dinamitar tudo? Como assim? A gente tem compromissos até a raiz dos cabelos!

— Bia, acabou. Não tem mais dinheiro, não tem mais empresa, não dá. Acabou.

A discussão acontecia dentro do Jardim Botânico do Rio de Janeiro, num banquinho sob uma jaqueira, atrás do grande lago. Era o local mais distante da circulação das pessoas — uma escolha estratégica, considerando o nível de decibéis a que estavam chegando os embates. E aquele seria o último, porque Bia carregava uma barriga de sete meses e mais um pouco não a deixariam subir no avião para Rio Branco.

— Ah, é? Chutar o pau da barraca? E a dívida? E os contratos? E os seringueiros? E os funcionários? Quem vai pagar essa porra toda?! João, se fechar a gente não tem saída. O único caminho é achar um formato novo e continuar funcionando.

— Não dá mais pra funcionar. Não tem de onde tirar. Acabou o dinheiro. Acabou!

Tinham chegado ao ponto em que tudo podia acontecer, menos entendimento. A temperatura subira demais, os nervos estavam se derretendo ao vivo. As pressões de todos os lados tinham jogado, finalmente, um contra o outro.

Ao último grito de "acabou" de João, Bia respondeu com um grito diferente:

— Então sai fora você! Pega o teu chapéu! Deixa que eu assumo essa história...

O rali foi interrompido por um estrondo. Com um efeito parecido com o de uma granada, uma jaca imensa despencara ao lado da dupla. Além do susto com o barulho e com o perigo que tinham corrido, o bólido pareceu acordá-los do seu transe raivoso.

Acalmaram-se. E se separaram. A vida desobedecera à bênção da guru.

# PLÁCIDO E OS PIRATAS

O bebê de 28 dias ia ter que esperar um pouco mais até a próxima mamada. Sua mãe tinha sido convocada pelas autoridades do Acre para uma audiência. O couro vegetal estava sendo acusado de levar índios à cegueira.

A empresa de João Augusto Fortes e Bia Saldanha estava sendo denunciada também por submeter seringueiros a uma nova forma de servidão. Por trás do discurso ecológico, teriam criado uma relação de dependência da qual os ribeirinhos não conseguiam mais sair. Estava tudo nos jornais. Bia começava sua vida na Amazônia preparando-se para sentar-se no banco dos réus.

A Couro Vegetal da Amazônia sobrevivera à ruptura de Bia e João de forma praticamente clandestina. Quando ela gritou "então sai fora, deixa que eu assumo", ele respondeu:

— Quer ficar com tudo? Então toma. É seu. Eu abro mão de todos os mútuos. Tira o meu nome, e eu também não devo mais nada.

Ela aceitou, mas o BNDES não. Bia e João eram os avalistas da dívida, e não era 50% para cada. Ambos respondiam pelos 100%. Ninguém entra, ninguém sai. João então tomou suas providências para barrar a escalada do descontrole.

Zerou o fluxo de caixa, demitiu todos os funcionários, confinou todos os livros fiscais e demais documentos da empresa num escritório da João Fortes Engenharia, despachou todo o estoque para um galpão no subúrbio. A Couro Vegetal da Amazônia estava empastelada, condenada à vida vegetativa.

Decidida a resistir na clandestinidade, Bia partiu para um transplante de pessoa jurídica. Transportou o projeto do couro vegetal para dentro de uma célula que começara a desenvolver com o próprio João, uma espécie de braço militante da empresa. Era o Instituto Nawa, que tinham idealizado para montar um exército de vendedores engajados, ao estilo da rede americana Amway. Jovens idealistas trariam jovens idealistas, no estilo pirâmide, em que cada novo agregado deve um percentual de suas vendas a quem o agregou, e assim sucessivamente.

A salvação da Amazônia ganhava sua "Igreja carismática de sacoleiros", na definição da própria empresária-militante, num de seus momentos de auto-ironia. Todo vendedor seria um "Agente Nawa". Na linguagem dos índios do Juruá, nawa significava povo ou gente (daí as denominações Kaxinawá, Yawanawá, Poyanawa). A tradução consumava o trocadilho missionário: "Agente Gente".

Se a palavra de ordem era mobilização, um dos generais tinha que ser Virgínia. Outro era Perfeito Fortuna. As reuniões para aliciamento dos Nawa pareciam mesmo células de guerrilha, sempre à noite em imóveis fechados, como a loja desativada do velho EcoMercado. Com seus conhecimentos da floresta (e do teatro), Perfeito arrancava lágrimas nos seus alertas sobre a destruição da Amazônia. E, num desses recrutamentos, acabou fisgando outro general para a tropa.

Diduche Worcman era quase uma lenda entre os cariocas que gostavam da vida. Empresário versátil, bem-sucedido, rico, tinha levado a sério esse negócio de ser feliz. Em torno dos 60 anos, tinha alma de 20. Praticava vôo livre, levava os amigos para sua casa paradisíaca de Parati, namorava as mulheres mais belas. Perfeito telefonou para ele:

— Diduche, o que você tá fazendo?

— Da vida? Nada. Tô a fim de me engajar em alguma coisa.

— Então vem pra cá, que eu tenho tudo o que você precisa.

Bia, Perfeito, Diduche e Virgínia eram um Estado-Maior envolvente. Logo tinham reunido em seu bunker várias dezenas de agentes nawa — jovens elegantes e apaixonados pela idéia de vender um produto sofisticado para proteger a floresta tropical. A utopia era subverter o comércio convencional, não precisar de balcão. Mesmo assim, acabaram conseguindo, na base do puro carisma, uma embaixada de luxo: conquistaram a concessão de uma loja dentro do Jardim Botânico do Rio de Janeiro — ao lado do ringue fatal de Bia e João.

O ponto era simplesmente maravilhoso para o mercado do couro vegetal, e logo as vendas já custeavam as operações básicas da guerrilha. No mesmo Jardim Botânico, Perfeito, que convencera meio mundo a acreditar num circo voador, fizera uma última tentativa de manter João Augusto no negócio. Na presença de Bia e de Ailton Krenak, submeteu o empresário ao seu ritual de persuasão, ao qual ninguém resistia.

Mas João estava inflexível. Diante da forte pressão, deixou claro que seu engajamento tinha limites. Ninguém ia obrigá-lo a ficar, ninguém ia forçá-lo a despejar mais dinheiro do que já tinha despejado. Perfeito então pôs seus olhos a um palmo dos olhos do empresário, segurou seu rosto com as mãos e repetiu algumas vezes:

— Você não tá vendo! Não é possível, abre os olhos! Você não tá vendo?! Reage!

João permaneceu impávido. Apenas respondeu:

— Não, Perfeito. Eu não quero.

Krenak assistiu a tudo sem dar uma palavra. Não tentou conciliar, nem contemporizar. Tranqüilo, parecia ver algo que os outros não viam, saber de algo que os demais não sabiam. Como se percebesse que o fogo da discórdia, para se extinguir, precisava arder.

E continuou ardendo. Bia decidiu concorrer com o Instituto Nawa a um financiamento do Fundo Brasileiro para a Biodiversidade (Funbio), que estava lançando seus primeiros editais para preservação florestal com dinheiro público e privado. Era uma cifra elevada, capaz de empurrar o projeto para fora do atoleiro. No meio do processo, soube que João estava concorrendo também. Ou seja, competindo com ela. Ele não jogara a toalha. Estava tentando colar os cacos do seu jeito.

Contrariada, a empresária buscou a regência de Krenak. Do Acre, escreveu uma carta ao pajé. Argumentou que, com aquele tipo de conflito, o couro vegetal — com tudo que ele já tinha sido e ainda podia ser — poderia ter a sua seriedade bombardeada.

Não adiantou. João não retirou seu projeto. Nem Bia. E o primeiro bombardeiro veio de onde não se esperava: do próprio Funbio. O comitê avaliador da concorrência desclassificou as duas propostas. Entendeu como se fossem a mesma, apresentada duas vezes. Bola fora.

Bia começava a construir sua vida pessoal no Acre tentando evitar a destruição pública do couro vegetal. Mas não sabia onde estava pisando. Imaginou uma vida em que administraria à distância seus agentes nawa, enquanto dava os retoques finais no cenário do bebê. O script, porém, era bem menos azulado.

Seus pais, Gilda e Itamar, não só tinham terminado apoiando a guinada como viraram acionistas dela. As famílias de Bia e Marcelo começavam a se conhecer e se unir, desde que os dois se casaram num ritual de Lin Fu Chi, celebrado por tia Myriam no Rio de Janeiro, no dia de Natal — pouco antes da partida para o Acre. Era a retaguarda familiar se fortalecendo — e ela lhes seria importante. Depois de movimentar altas cifras nos últimos cinco anos, a empresária não tinha um tostão no banco. O antropólogo também tinha saldo franciscano, sempre buscando hoje o pão de amanhã. Enquanto os agentes nawa não explodiam comercialmente, as receitas iam dando para manter o projeto respirando, incluindo salários razoáveis para os generais da brigada. Mas para ela não sobrava nada. E a fonte também começava a secar para os parceiros da floresta (agora seus vizinhos) — o que a deixava numa posição no mínimo vulnerável.

No campo pessoal, a coincidência fora que os pais de Bia haviam tido, justo naquele momento, uma sobra financeira. E decidiram espontaneamente — cada um por si, pois eram separados — socorrê-la com uma bolada. Um sutil passaporte burguês para o exílio florestal.

Maria Dulce, a irmã unha e carne, também resolveu fazer sua doação. Em moeda afetiva. Mandou-se para o Acre, um dos últimos lugares onde faria um passeio turístico, de onde seu marido regressara em petição de miséria. Assumiu a missão de escoltar o sobrinho Zé Roberto e ajudá-lo a compreender a nova família que ainda estava em obras. E evitar, naturalmente, que ele saísse comendo carne de gato.

Em meio à adaptação à sua nova terra, Bia dirigiu-se um dia a um telefone público na praça Plácido de Castro, batizada em homenagem ao herói da conquista do Acre para os brasileiros. Ligou para sua mãe, que tinha uma novidade: descobrira que Bia tinha um parente ilustre... Plácido de Castro. O avô do líder da revolução acreana, José Plácido de Castro, era seu antepassado — avô de sua bisavó, Geni de Castro Jobim.

Com mais um detalhe: o revolucionário nascera no mesmo dia que ela, 12 de dezembro — o dia em que ela fizera sua viagem cega e decisiva para o Acre.

Desligou o telefone lembrando-se do quanto se sentira em casa na primeira vez que pisou na aldeia Poyanawa, em seu batismo de fogo na assembléia indígena. Lembrou-se também de um passeio de carro que dera no Rio de Janeiro no dia em que intuiu que estava grávida. Dirigindo sem rumo, fora parar no monumento a Estácio de Sá, o local em que conhecera Chico Mendes um mês antes de seu assassinato.

Podia ser tudo uma dessas teias de coincidências. Nesse caso, a vida tinha caprichado na tessitura. O fato era que a viagem atirada e solitária no dia em que fazia 30 anos — e Plácido, 120 —, saltando do 20º andar por ordem de Krenak, levara-a ao encontro do pai da criança que agora estava chegando ao mundo pela terra de Plácido.

Era um bom script, mas definitivamente não era azul, assim como a floresta não era rosa, e como tudo naquele caminho parecia fazer questão de lembrá-la que a vida é mais complexa que o látex e as mulheres. Nos dias que antecederam o parto, no início de março de 1997, o Acre teve a maior enchente já registrada no estado. Aeroportos fechados, ruas e estradas submersas, serviços paralisados, colapso total. O médico de Bia recomendou-lhe que ficasse em casa, e preparou-a para ter o filho lá mesmo. Embora o hospital não ficasse distante, qualquer deslocamento seria uma aventura.

Quando as chuvas diluvianas (467,30 milímetros no mês) fizeram o rio Acre ter o maior transbordamento de sua história, a empresária carioca entrou em trabalho de parto. Entrou, e ficou. Passadas cinco horas, o médico lhe disse que ficasse tranqüila, pois estava tudo normal. Passadas dez horas, ele começou a rever sua estratégia. Passadas 15 horas, decidiu removê-la às pressas para o hospital.

E teria que ser muito às pressas. No meio do caminho, enquanto atravessavam penosamente as ruas submersas, o bebê resolveu nascer. A força para expulsar teve que virar força para conter. Mesmo com todo o reverso acionado, a tarefa era impossível, porque João Manuel estava mesmo decidido a ver a luz imediatamente. Ainda foi possível carregar a grávida até o interior do hospital, mas anestesia ia ficar para a próxima.

As complicações, unidas à chuva, deram então uma trégua. O menino nasceu bem, sadio, e pouco depois o céu voltaria a ficar azul — da cor dos olhos do bebê, que era a cor dos olhos do pai. Marcelo estava atento a esse detalhe e telefonou para Terri (que um dia o reconhecera como "titular" daquela mulher), não exatamente para dar a notícia do nascimento. A notícia principal era outra:

— É, cumpadi. Parece que o moleque é meu mesmo.

A alegria que transbordava mais que o rio Acre impediu que Bia morresse de ódio da declaração antropológica do marido.

■ ■ ■

As trovoadas não demoraram a voltar, mas só sobre a cabeça da dona do Treetap. Ela amamentava João Manuel numa manhã de sua nova — e finalmente tranqüila — rotina acreana quando Marcelo voltou da rua com um exemplar de *A Gazeta* e expressão preocupada. Um edital publicado no jornal convocava Bia a prestar esclarecimentos ao governo do estado sobre as atividades de sua empresa na região.

Depois dos solavancos da mudança esbaforida e das emoções do parto, a atmosfera de calma em torno de seu bebê amazônico não durara um mês. Ela se tornara alvo de um inquérito do Ministério Público. Seria investigada sobre o aparecimento de casos de cegueira entre os índios na produção do couro vegetal.

No dia 12 de abril de 1997, quatro dias depois da publicação do edital de convocação, o projeto de Bia voltava à mesma *A Gazeta*, agora com uma manchete: "Couro vegetal é alvo de investigações." A denúncia se ampliava. Incluía exploração ilegal da floresta, poluição química e pirataria biológica. Dois dias depois, a empresária teve que encontrar uma pessoa para ficar com o pequeno João Manuel. Tinha que se apresentar às autoridades do governo do estado, no Instituto de Meio Ambiente do Acre (Imac).

O clima na repartição pública não era nada convidativo, e pela primeira vez ela sentia que não era bem-vinda com seu projeto. Era o último lugar onde uma mulher com um bebê de 28 dias desejaria estar. A diferença era que agora ela tinha Marcelo, e ele estava a seu lado na audiência. Acostumado aos ritos dos labirintos estatais, o antropólogo requisitou que o teor da conversa fosse protocolado em documento oficial. O representante do Imac respondeu que "não era necessário".

Bia foi questionada sobre quais produtos químicos eram utilizados na produção das lâminas. Eles estariam contaminando rios. E no processo de defumação — a vulcanização artesanal do Dr. Outa — estariam intoxicando os índios, em alguns casos já os levando à cegueira. A empresária nunca tinha ouvido falar naquilo. Marcelo perguntou se o órgão tinha informações mais específicas sobre os danos, algum laudo ou registro sobre as vítimas daqueles males. Não tinha, mas também não era necessário:

— Denúncia anônima. Aqui nós temos uma linha telefônica só para isso. O denunciante não precisa se identificar.

O órgão governamental estava indicando que o couro vegetal é que teria o ônus de provar que suas operações estavam corretas. Para isso, deveria produzir um Estudo de Impacto Ambiental, e posteriormente um Relatório de Impacto Ambiental (EIA/Rima). Era um tipo de documento obrigatório para indústrias e atividades de grandes dimensões, como mineração, abertura de estradas etc., com um conjunto de exigências que ultrapassavam largamente o alcance da produção do couro vegetal. Na prática, era um embargo.

Dez dias depois, o Treetap voltava às manchetes acreanas, agora de *A Tribuna*. Mais denúncias. "Couro vegetal está sendo contrabandeado", estampava o jornal, encorpando as acusações de que o projeto estaria encobrindo a pirataria de produtos amazônicos. Outra matéria na mesma página apontava para a denúncia de que os empresários cariocas, sob a fachada da modernidade, tinham submetido os seringueiros a uma relação servil — em condições piores do que no tempo dos patrões: "Povos da floresta podem estar sendo explorados por ONG."

A "ONG" era a empresa Couro Vegetal da Amazônia, mas isso não fazia diferença. As matérias não eram propriamente informativas. As denúncias sobre servidão, cegueira e pirataria não eram atribuídas a nenhuma fonte, ou nenhum fato. Assim como no Imac, e depois também no inquérito do Ministério Público, as denúncias tinham, por assim dizer, vida própria.

Mas nem tudo era escândalo. Havia coisas boas acontecendo na floresta. Ainda na mesma página de *A Tribuna* de 24 de abril, outra matéria falava de um projeto que parecia estar dando certo, sem efeitos colaterais. Por coincidência, tratava de um produto quase gêmeo do couro vegetal — "o couro ecológico".

De forma didática, o jornal dava a palavra ao responsável pelo projeto, o pesquisador Francisco Samoneck, que explicava as vantagens de seu produto. Ele destacava que, ao contrário do couro vegetal, o couro ecológico não gerava a famigerada fumaça no processo de vulcanização — cujos gases estariam, segundo as denúncias, cegando os índios: "Nós não fazemos a defumação das peças vulcanizadas. Fazemos uma secagem inicial ao ar livre e depois damos o acabamento na estufa."

Forjado na escola do Txai Terri, Marcelo também era um antropólogo com veia jornalística. Sabia ler jornal nas entrelinhas. Identificou um material de divulgação do couro ecológico que reproduzia, de forma quase idêntica, um fôlder do couro vegetal. O tal folheto já tinha sido distribuído publicamente, numa feira de produtos florestais no Hotel Imperador Galvez, a "Flora" — evento em que Bia tinha impressionado a sociedade acreana com um desfile de nível internacional.

O "repórter" observou que, no momento em que a cooperativa responsável pelo couro ecológico buscava convênios com órgãos governamentais, o couro vegetal era convidado para a comitiva do presidente Fernando Henrique numa viagem ao Canadá. Fora selecionado por representar uma solução concreta para a preservação da floresta. Ao mesmo tempo, notava que as comunicações institucionais do Imac divulgavam e encampavam o trabalho do couro ecológico. Aquilo tinha cara de guerra comercial.

O Papo de Índio entrou novamente em ação. Marcelo montou um dossiê robusto sobre o caso e publicou-o num tijolaço de 18 laudas no dia 1º de maio. Exatos três anos depois da conversa no teto do batelão de Ayrton Senna, quando recebeu de Virgínia o primeiro sinal de esperança, Bia era defendida publicamente por ele, agora seu marido, numa batalha de vida ou morte.

O dossiê do antropólogo não acusava ninguém, apenas tinha o que as denúncias não tinham: informação. Trazia declarações de membros da Associação de Seringueiros e Agricultores da Reserva Extrativista do Alto Juruá, da Associação dos Seringueiros Kaxinawá do Rio Jordão e da Organização dos Agricultores Extrativistas Yawanawá do Rio Gregório — a base do couro vegetal entre os índios e seringueiros do Juruá. Eles atestavam: não havia nenhum caso de dano à saúde entre os produtores de seus povos. Todos os seringueiros se sentiam livres. E todos os índios estavam enxergando bem.

Alguns líderes, como Siã e Bira, apresentaram-se pessoalmente ao Ministério Público para desmentir as denúncias. Enquanto isso, conhecedor profundo da legislação sobre índios e meio ambiente, Marcelo despejava documentos sobre a mesa da procuradora encarregada do caso — uma torrente de informações e argumentações sobre a impropriedade do inquérito. A certa altura, a procuradora chegou a pedir-lhe uma trégua:

— Por favor, não mande mais nada! O processo já está enorme. Tenha calma.

A contra-ofensiva foi bem-sucedida. O inquérito prosseguiu, com sua faca apontada para o pescoço de Bia, mas sem força imediata para sustar as atividades do couro vegetal. Ainda não tinha chegado a hora, porém, em que João Manuel ia mamar sossegado. Naquele momento, abria-se uma outra frente de ataque contra a carioca recém-chegada.

Uma frente bem mais poderosa. No Congresso Nacional, estourara a CPI da Biopirataria, impulsionada pelas manchetes sobre casos de contrabando de sementes e material genético da Amazônia. O tema mobilizara a opinião pública nacional em torno da questão da soberania. Nesse clima de "A Amazônia é nossa", a CPI vinha fazendo o seu arrastão. E pegou o couro vegetal.

A base da suspeita de que Bia, João Augusto e companhia estavam traficando riquezas indígenas para o exterior eram as denúncias surgidas na imprensa acreana. Mas CPI, quando quer encontrar, encontra. Os deputados federais desembarcaram no Acre decididos. O inquérito do Ministério Público era pouco consistente, mas eles tinham suas lupas. Debruçaram-se sobre os contratos da empresa com os índios e seringueiros e prepararam-se para concluir que os povos da floresta estavam sendo roubados.

Instalaram seus trabalhos na Assembléia Legislativa do Acre e iniciaram as audiências. Como tomara a frente no debate com o Ministério Público, Marcelo foi convocado para depor. Membro da Comissão Pró-Índio, ele poderia responder sobre assuntos gerais da região e outros projetos envolvendo as associações ribeirinhas. Seria inquirido pela deputada Socorro Gomes (PCdoB-PA), que presidia a sessão.

À medida que avançava, o depoimento do antropólogo ia trazendo certa monotonia à audiência. Os dados sobre a melhoria de vida dos índios e seringueiros na parceria com o couro vegetal não animavam os investigadores. Estavam todos obtendo renda pelo menos dez vezes superior à que obtinham com a venda convencional da borracha. A deputada então quis saber se havia no preço final das bolsas algum percentual de royalties pelo conhecimento tradicional dos povos. Com os efeitos especiais da lupa, ali poderia estar a pirataria.

O depoente respondeu que o processo do couro vegetal fora um conhecimento desenvolvido em conjunto pela empresa e pelos seringueiros. Tinham inclusive partilhado os direitos da patente requerida ao INPI. No caso, os "segredos da mata" eram também da cidade. Estava difícil desenhar o retrato falado do vilão.

Repetindo o Papo de Índio, Marcelo aproveitou para dizer que considerava estranhas as origens da denúncia. Disse que o que precisava ser investigado era a conduta parcial e persecutória que o órgão ambiental do governo, o Imac, em sua opinião adotara contra o couro vegetal. Havia representantes do Imac na sessão, e eles tinham um trunfo contra o antropólogo. Levantaram-se, interromperam o depoimento e acusaram-no frontalmente.

Marcelo nascera no Uruguai e mudara-se para o Brasil ainda criança. Os funcionários do governo tinham a informação de que, por isso, ganhara dos ribeirinhos o apelido de "Marcelo Argentino", numa dessas caricaturas que a linguagem popular produz. Apuraram então que Marcelo Argentino andava pelas terras indígenas catalogando ervas e substâncias de uso medicinal — o que em seu caso era altamente suspeito, em se tratando de um estrangeiro que, segundo ficaram sabendo, não tinha documentação legal para viver no Brasil.

Era tudo de que a CPI precisava. Um pirata, ao vivo. E as informações procediam. O apelido realmente existia, a seleção de ervas medicinais de fato fora feita e a documentação de residente no Brasil estava inteiramente ilegal. A acusação só tinha uma falha: o Marcelo Argentino era outro, que inclusive acabara de se mandar do país.

Antes que Marcelo Piedrafita, cidadão brasileiro, o Txai Marcelo dos povos do Juruá, tomasse a palavra para se defender, os índios e seringueiros que enchiam as galerias da Assembléia interromperam a sessão. De pé, quase em uníssono, deram o grito que sacramentou o ridículo dos caçadores de piratas:

— Esse não é o Marcelo Argentino!!!

Meio sem graça, a CPI foi embora levando "a ONG" Couro Vegetal da Amazônia em sua lista de quase possíveis fraudes.

A vida prometia melhorar. Bia não teria mais que responder por roubar os índios, só por deixá-los cegos.

■ ■ ■

O fotógrafo elegante de Nova York que se encantara com o couro vegetal na Semana da Amazônia não fizera muito sucesso com

Bia e João Augusto. Os dois já estavam escaldados com o filme repetido dos seus "descobridores". Volta e meia aparecia um novo curioso, com planos fantásticos e a receita do caminho certo. Assim tinham quebrado a cara com os primeiros lançamentos apressados, assim tinham contraído uma dívida milionária, assim tinham cansado de ser uma utopia ambulante.

Quando ouviram naquele jantar em Manhattan, já a altas horas e altas doses, que o fotógrafo que acabavam de conhecer iria "ajudá-los", deram-lhe o sorrisinho simpático de plantão e passaram ao próximo assunto. Mas Javier Alvarez, o fotógrafo, foi em frente.

Falara em apresentar o produto a "uma empresa de moda poderosa". Foi atrás dela. Contatou um colega, fotógrafo exclusivo da grife Hermès, a secular produtora de artigos de couro, marca de luxo da moda francesa. Mostrou a ele uma lâmina de couro vegetal e perguntou-lhe se aquilo podia interessar. Ouviu que sim, podia. E foi encorajado a procurar pessoalmente o presidente da empresa.

Chegou ao escritório de Jean-Louis Dumas, presidente da Hermès, e bateu com a cara na porta. O big boss não estava, e não havia previsão da sua chegada. Alvarez deveria saber que não se aborda um executivo daquele quilate tão casualmente. Resolveu ir embora, e foi mais casual ainda: escreveu um bilhete nas costas de um folheto do Treetap, fez um canudo com ele e deixou na recepção. Sob a foto de um índio defumando uma lâmina de couro vegetal, imagem oficial do projeto, rabiscara: "Meus amigos do Brasil fazem essa matéria-prima." E anotou os nomes e os telefones de Bia e João.

Aquilo era quase como enfiar um bilhete no escaninho do Vaticano pedindo uma audiência com o Papa. Se no tal jantar os dois soubessem que a "ajuda" era assim, talvez nem o sorrisinho tivessem concedido.

Pouco antes de mudar-se para o Acre, Bia chegara um dia ao escritório e encontrara um fax da Hermès. Tinham recebido a dica de Javier Alvarez e gostariam de conhecer melhor o projeto. Era impressionante como aquela cadeia de contatos remotos e improváveis chegara até ali. Provavelmente fora o jeito polido da grife francesa de não deixar o bilhete sem resposta. Mas, mesmo lá de longe, era bom ver o Papa.

Em Rio Branco, entre uma mamada de João Manuel e mais uma manchete sobre suas crueldades contra os índios, Bia recebeu novo aceno de Sua Santidade. A Hermès queria ir ao encontro dela. Ainda estava assimilando a notícia quando adentrou a varanda de sua casinha acreana uma equipe da gigante mundial do couro animal.

# Tocaia no Juruá

— Você já terminou de falar mal do seu produto? Era inevitável a pergunta dos jovens executivos franceses Patrick e Isabelle, enviados da Hermès à varanda acreana de Bia Saldanha. Cansada do contraste entre o marketing e os obstáculos duros da vida real, ela perdera o discurso sedutor. Deixara a catequese para a brigada dos agentes nawa. Não queria mais convencer ninguém de nada.

Contou aos franceses todos os defeitos de temperamento que o couro vegetal já apresentara, os tombos comerciais que levara, a tarefa monumental que era a produção na floresta, o desafio complicado de carregar um ideal na ponta de uma empresa privada. Patrick e Isabelle pareciam achar que ela estava exagerando. Acharam tudo lindo.

Queriam conhecer pessoalmente uma unidade de produção na floresta. Falavam na possibilidade de discutirem uma parceria. Era tudo que Bia poderia desejar. Mas sua vacina contra curiosos empolgados estava em dia. Permitiu-se, com as barbas de molho, ver até onde aquela conversa de sonho com a lendária Hermès iria.

De saída, iria para o meio da floresta, no alto rio Gregório. Os franceses seriam apresentados à unidade de produção do Treetap na aldeia Yawanawá, chefiada pelo cacique Biraci Brasil — uma das áreas onde a empresária era acusada de cegar os índios, segundo o inquérito que agora passara do Ministério Público estadual para o federal. Como ainda não tinha sido proibida de subir o rio, como já acontecera com Txai Macêdo, ela decidiu acompanhar a expedição.

Era uma decisão delicada. Partiriam no início de outubro, e João Manuel, com seis meses, ainda se alimentava só mamando no peito. Bia resolveu levá-lo. Foi questionada por amigos e familiares, que achavam a atitude no mínimo ousada. Marcelo preferiu não dizer nada. A mulher deveria saber da responsabilidade que estava assumindo.

Antes de completar cinco meses, o bebê já tinha ido com a mãe ao Rio de Janeiro, e na volta ao Acre apresentara um quadro preocupante. O contraste do inverno carioca com o verão amazônico (o período mais seco e mais quente do ano na região) afetara sua saúde. Contraiu uma virose, concentrada nas vias respiratórias e agravada pela atmosfera de Rio Branco. A fumaça das queimadas na floresta engolia a cidade.

João Manuel começou a perder peso com a virose, que também dificultava as mamadas, agravando o problema. A situação se tornara crítica. Precisava ser revertida antes que se instalasse o quadro de subnutrição, muito perigoso nessa idade. Bia avaliou que o ar da floresta no Juruá, onde quase não havia queimadas, ajudaria a recuperá-lo.

Estava torcendo para que a filha de Vera nascesse antes da sua partida. A amiga que dera a notícia codificada da sua gravidez a Marcelo, na peculiar operação radiofônica, engravidara também pouco depois. Tornaram-se mais parceiras do que nunca, e comadres. Vera era a madrinha de João Manuel, e Bia seria a madrinha de Luísa, que estava para chegar a qualquer momento. Mas não chegaria.

Sentindo dores súbitas que não eram de contração, foi examinada às pressas e o médico constatou queda nos batimentos cardíacos do bebê. Partiu imediatamente para uma cesariana, mas já era tarde. Depois de uma gravidez sadia e tranqüila, Luísa nascia morta.

Quando recebeu a notícia, Bia pulou dentro do carro e acelerou tudo em direção ao hospital. Cega pela comoção, não viu o sinal vermelho. Foi colhida no cruzamento por um Fiat em alta velocidade. A batida destruiu sua Parati meio metro para trás do banco do motorista, no lado em que ela estava. O carro teve perda total. Bia não sofreu nada. O condutor do Fiat também estava bem. Aceitou as desculpas dela ao saber da razão do seu transtorno, e foi informado de que o seguro pagaria seu prejuízo.

A imagem de Vera, mulher forte, transformada num trapo a impressionou. Embarcou para o Gregório pensando o quanto uma tragédia assim, sem desconto, faz pouco da coragem humana. Era o que a floresta gigante vivia tentando dizer aos que entravam nela: não se esqueça, você é uma formiga.

Avião grande, avião pequeno, canoa, caminhada no rio, trilha na mata... A sensação da "amplidão claustrofóbica" era inevitável à medida que se embrenhava na floresta com seu bebê fragilizado. Passou pelo lugar onde tivera a alucinação noturna com os gritos das índias, quando o rio engoliu o irmão de Bira. Continuou subindo.

Na chegada ao alto Gregório, onde as formigas humanas ficam invisíveis a olho nu, as índias Yawanawá viram de cara que João Manuel precisava de ajuda. A primeira providência delas foi pintar o bebê com jenipapo.

Em seguida, apareceram com um mingau de banana, encorpado com farelos de origem inespecífica. Não sabiam que ele só se alimentava com leite materno, e nem isso vinha aceitando. Mas o ar da floresta parecia estar mesmo transformando o menino. Ele devorou a papinha das índias.

Elas prepararam mais, ele comeu mais. No embalo, voltou a mamar melhor. Em dois dias, o ganho de peso saltava aos olhos. O moleque estava visivelmente mais redondo, além de corado. E continuava pintado de jenipapo, assumindo uma personalidade totalmente diferente.

— É o antropólogo mais jovem do Juruá! — saudou o cacique Bira, vendo a rápida adaptação do menino branco ao ambiente indígena, repetindo seu pai, o Txai Marcelo.

Até o dia de iniciarem a descida do rio Gregório, duas semanas depois, os últimos sinais da virose do bebê tinham sumido. Bia até pudera juntar-se aos franceses no reconhecimento do terreno, embora Virgínia e Wilson estivessem dando conta do recado. Precursor do Treetap, Wilson vinha se destacando no controle de qualidade da produção. Saía cada vez mais da sua base em Boca do Acre, extremo oposto do estado, para supervisionar o padrão das unidades do Juruá. Virgínia, agora diretora do Instituto Nawa, liderava o trabalho diplomático com os representantes da Hermès — fazendo com jeitinho os franceses falarem inglês.

A expedição correra bem. Os enviados de Paris pareciam animados com o que tinham visto, e também com o fato de terem podido filmar, a partir de autorização negociada com Bia e Bira. Começavam a atravessar a fronteira da curiosidade antropológica para o business. A viagem de descida também corria bem, já atravessando a fronteira para a terra dos índios Katukina. Ali iriam pernoitar.

Ao contrário dos Yawanawá, dos Kaxinawá e outros povos do Juruá, os Katukina ainda viviam com a presença de missionários em sua aldeia. Era um fator de tensão, considerando que Bira, Siã, Macêdo, Terri, Marcelo e companhia já tinham retirado quase todos os crentes da região. O clima na aldeia Katukina era outro, mais pesado.

Por volta das dez horas da noite de 17 de outubro, a empresária teve que interromper a conversa na varanda da casinha de paxiúba onde se preparavam para dormir. João Manuel acordara. Apanhou-o em seu berço improvisado, colocou-o no peito e foi deitar-se com ele na rede que tinha sido armada para ela. Deixou seu corpo cair para trás, mas a rede não a sustentou. Desabou com o bebê direto no chão.

Numa fração de segundos, Bia pressentiu a traição. Percebeu que tinham dado um nó falso em sua rede, e no flash da queda já tinha a certeza da tocaia.

Como caiu de costas com o filho no colo, todo o choque sobre ele foi neutralizado pelo cotovelo do braço esquerdo, recuado instintivamente. Ouviu um estalo alto, como se um cabo de vassoura tivesse se partido. Era o seu úmero, o osso que liga o braço ao ombro. No seu caso, não ligava mais. A fratura total tinha decepado a cabeça do osso. Seu braço imediatamente pendeu, amolecido como o de uma boneca.

O choro desesperado de João Manuel indicava que ele podia estar machucado. Mas era só reação à violência do tombo. Fisicamente, ele nada sofrera.

Enquanto tentava se levantar, já com o socorro de Virgínia e Isabelle, Bia olhou para as pontas da rede. Sua maior perplexidade no momento era sobre quem teria feito aquilo com ela. Mas ninguém tinha feito nada. A rede estava perfeitamente atada.

No escuro, em vez de cair sobre a rede, caíra sobre o véu do mosquiteiro que a envolvia. Era uma tocaia da vida, do destino, dela mesma.

À medida que a dor crescia e se espalhava pelo ombro, pelo pescoço e pelas costas, o choro de João Manuel aumentava. Era a ligação direta com a tensão dela. A boca não se fixava mais no peito, e agora a mãe mal conseguia segurá-lo, mesmo com o outro braço.

Os companheiros de viagem ficaram imóveis em torno da cena. Não sabiam como ajudar. Não havia nada a fazer. Dessa vez, num raio de muitos e muitos quilômetros, nem rezadeira havia. Enquanto crescia o sofrimento de Bia e seu bebê, as palavras de consolo e os gestos de solidariedade foram escasseando, esvaziados por sua inutilidade.

Lentamente, todos foram se afastando dela, como parentes que não suportam muito tempo junto ao leito de um doente grave. A agonia irremediável é sempre um espetáculo perturbador.

Um a um, foram se recolhendo às suas redes, vencidos pelo sono e o medo. A diretora das filmagens, uma das pessoas mais distantes durante a viagem, foi quem se aproximou mais. Cobriu-a com uma manta da Nasa, altamente eficaz contra o frio que trespassava a casinha de paxiúba. Virgínia procurou embalar João Manuel, liberando um pouco a amiga da missão difícil que se tornara segurá-lo. Mas a distância da mãe amplificava muito a sua perturbação, agora que voltava a passar fome.

A madrugada encontrou Bia a sós com sua dor atroz e a aflição de seu bebê. Nunca tivera experiência de grande sofrimento físico. Nunca ficara doente. A opressão da imensidão amazônica veio então pegá-la de jeito. As horas não passavam, e o tempo que levaria para chegar a algum lugar onde pudesse ser razoavelmente atendida nem cabia em sua cabeça. Descobriu que até então não sabia, de verdade, o que era medo.

Medo de não agüentar. Medo de sofrer mais do que se pode suportar. Medo de enlouquecer. Medo de desmaiar, sucumbir, morrer.

Lembrou-se de Vera. Agora era como se sentisse o horror dela. Várias outras formas de horror passaram a assaltar seu pensamento, em cores mórbidas. Estava delirando. Viu-se vagando por campos de concentração nazistas, ouvindo o choro das crianças flageladas. Andou entre os mutilados das minas terrestres de Angola, sangrando a céu aberto até a morte. Como Deus lhe escondera por tanto tempo as atrocidades da vida? Agora ela sabia. E, a cada vez que seu espírito aterrissava de novo na floresta imensa, que agora queria engoli-la, ela percebia que tinha ido longe demais.

Lin Fu Chi dissera aos "filhos que o tempo não levou" que não se limitassem a agradecer pelas bênçãos recebidas. Não se esqueçam de pedir! Peçam! Aquele mandamento invadiu o calvário mental de Bia e ela se agarrou a ele. Pediu ajuda aos seres iluminados — escudeiros espirituais da dinastia Lin —, seus anjos familiares.

Seres iluminados, seres iluminados, seres iluminados... O pedido insistente foi tomando o espaço da assombração. A dor alucinante persistia, mas ia deixando de fustigá-la com os horrores do mundo. Os anjos estavam trabalhando.

E levaram-na sã até a porta do avião monomotor das Asas do Socorro, que baixara na aldeia Katukina na manhã seguinte e a levaria até Tarauacá. De lá esperaria outro para chegar a Rio Branco. Quando os motores foram ligados para a partida, a trepidação multiplicou sua dor por mil. Ela teve vontade de pedir para desembarcar. Mas lembrou-se de sua madrugada interminável, sem um minuto de sono, e segurou o braço com força.

Os três reis magos não a esperavam no aeroporto de Tarauacá. Não havia ninguém esperando ninguém. O próximo vôo para Rio Branco demoraria algumas horas, e Virgínia e Wilson decidiram ir à cidade tentar encontrar algo para João Manuel comer. Convenceram Bia que era melhor o bebê ir com eles. Ela ficou sozinha no aeroporto deserto.

Mais de uma hora depois o grupo ainda não tinha voltado, e a distância de seu filho, que voltara a perder peso, começou a desesperá-la. Pela primeira vez ela gritou. Isolada, sem nenhuma outra forma de comunicação possível, chamou com as forças que lhe restavam o nome do filho, quantas vezes conseguiu, como se alguém naquele vazio pudesse surgir com ele de volta. O grupo então retornou, sem sucesso na missão de alimentá-lo. Ele mamou um pouco, mas logo voltou a chorar. E todos tiveram vontade de chorar com a informação que acabavam de receber: por problemas meteorológicos, não sairia mais nenhum vôo para Rio Branco aquele dia.

Ainda ficaram ali um bom tempo, até conseguir alguém que os levasse à pensão mais próxima. Bia já estava tomando analgésicos, mas não comia nada desde o acidente e sua pressão começou a baixar fortemente. O calor sufocante a fazia suar sem parar. Com tonteiras e visão turva, estava perto de desfalecer. Sem ter a quem apelar, virou-se para Wilson e perguntou-lhe com toda sinceridade:

— Você acha que eu vou morrer?

O desbravador do Rio do Ouro se assustou. Sabia que estava diante de uma mulher tenaz, dura na queda. A situação estava fora de controle. Só lhe restava a arma psicológica:

— Que morrer o quê! Tá maluca? Pára de pensar besteira.

Mesmo assim, quando conseguiram transporte, levou-a até um hospital local. As instalações eram tão deprimentes que só poderiam surtir efeito psicológico inverso. A máquina de raios X totalmente enferrujada ficava numa sala que parecia fundo de oficina mecânica. Ao operador que a radiografou, só faltavam as mãos sujas de graxa. Mesmo assim a chapa mostrou seu úmero partido ao meio — ou, mais exatamente, decapitado.

Comparado à pensão que encontraram, o apartamento de Marcelo no conjunto habitacional de Rio Branco era um palácio. Além de pardieiro fedorento, o lugar tinha todas as paredes e móveis democraticamente cobertos de mofo. Instalaram-se nos únicos quartos disponíveis, e Virgínia tratou de acomodar a amiga numa posição que aplacasse ao menos uns 10% da sua dor enquanto estivessem ali. Disse-lhe que tentasse dormir um pouco e não se preocupasse com João Manuel. Ela cuidaria dele.

A chance de um diagnóstico preciso sobre a saúde do bebê ia demorar a aparecer. O jeito era tentar fazê-lo dormir, ao menos repor um pouco de energia com algum descanso, que ele praticamente não tivera desde o acidente. Mas os planos de Virgínia não iriam muito longe.

Afetada pelo mofo, foi tomada por uma grave crise asmática. Agora era a vez de Bia se assustar com o sufoco da outra. E, evidentemente, de abandonar sua tentativa de repouso para cuidar do filho.

A madrugada transcorria de forma dramática na espelunca de Tarauacá quando a porta do quarto começou a ser socada fortemente. Alguém aos gritos pedia às hóspedes que abrissem. Em plena crise, Virgínia lutava para respirar e mal podia se mover. Bia segurava João Manuel com seu único braço útil, tentando acalmá-lo e fazê-lo sugar mais um mililitro do peito.

Mas as batidas fortes e insistentes, acompanhadas dos gritos, estavam sobressaltando ainda mais o bebê. Num esforço supremo, Virgínia alcançou a maçaneta e abriu a porta. Surgiu então, quarto adentro, a figura de uma jovem prostituta bêbada, perguntando onde estava fulano. Ela tinha errado a porta do cliente.

Na chegada ao hospital de Rio Branco, dois dias depois do pesadelo de Tarauacá, a empresária carioca foi informada de que não poderia ser operada imediatamente. Era preciso esperar a chegada de uma prótese do Rio de Janeiro. Já que teria de esperar, Marcelo achava que era melhor fazer a cirurgia no Rio mesmo.

O reencontro do casal foi difícil. O antropólogo tivera um grande choque diante do estado de sofrimento da mulher, e suas dificuldades para amamentar o filho. Ela recebeu seu apoio comovido, mas tinha a sensação de que ele não queria passar-lhe a mão na cabeça — uma vez que considerara arriscada a incursão à floresta com o bebê.

Bia não concordou com a ida para o Rio. Não agüentaria mais uma viagem longa. Estava sob doses pesadas de analgésico, mas seu estado geral piorara com uma febre alta decorrente de um princípio de pneumonia. Os acessos de tosse sacudiam seu braço partido de forma quase insuportável, e os níveis de dor vinham subindo com o surgimento de uma infecção na região da fratura. Chegou a telefonar para seu homeopata no Rio, perguntando-lhe se o antibiótico afetaria a amamentação do filho — uma recaída ipanemense. No final das contas, resolveu confiar no bisturi acreano.

E errou. As três horas de cirurgia transformaram-se numa sessão de tortura. A anestesia quase não fazia efeito, segundo a chefe da equipe porque a paciente apresentava alto grau de desidratação. A longa exposição a uma temperatura de cinco graus centígrados também agravaria a situação pulmonar. Mas o pior não estava aí.

A fixação com pinos da cabeça do úmero ao resto do osso seria mal feita, deixando uma distância inadequada entre as partes que deveriam se juntar. Da forma como fora feita, a cirurgia não permitiria a correção gradual da fratura e a recuperação da integridade óssea. Mesmo sem retomar os movimentos da articulação do ombro, Bia demoraria a perceber isso. E, enquanto esperava em vão, começaria a se desenvolver ali uma pseudoartrose, quando a calcificação perpetua a fratura. Ou seja, ia perdendo o braço.

Com a internação para a cirurgia, tivera que começar a tomar morfina — até porque não podia mais sustentar aquele nível de dor. Isso determinara, da noite para o dia, o desmame de João Manuel. Traumatizado com a separação brusca, ele não aceitava nenhum alimento.

Consultando diariamente por telefone duas pediatras no Rio de Janeiro, Bia não conseguia progressos. A alopata então receitou um estimulador de apetite. A homeopata gritou que aquilo era uma loucura com um bebê de sete meses. A família Saldanha já estava em polvorosa. Via que a situação saíra de controle e estava no limite do perigo. Gilda, mãe de Bia, decidiu ir para Rio Branco.

O reencontro das duas foi sofrido. A filha estava, como nas imagens delirantes, com aparência de campo de concentração. Era pouco mais do que pele e ossos. A fragilidade do neto completara o quadro cortante. Com seu coração enorme misturando indignação e solidariedade, Gilda entrou com tudo para evitar o desastre. Mas sua temporada só durou um dia.

Uma das coisas que Bia menos tolerava na vida era interferência familiar sobre suas decisões pessoais. Era uma personalidade cronicamente autônoma. Por isso saíra da casa da mãe aos 16 anos para morar com uma amiga. Aos 18 tinha uma loja, aos 19 estava casada e aos 21 tinha um filho. Foi a uma agência de viagens, comprou uma passagem de volta para a mãe, agradeceu seu apoio e desejou-lhe boa viagem.

Em seguida, entrou em desespero, ao ter um pensamento claro: "A mesma nuvem negra que levou a filha da Vera quer levar o meu filho." Desistiu das pediatras, parou de atender os telefonemas da família e recorreu de novo aos seres iluminados. Evocando mestre Lin, formulou seu pedido e disparou a repeti-lo em forma de oração, dessa vez em voz alta, quase aos gritos. Defumou a casa com incensos e pôs para tocar, no volume máximo, a Guru Gita, mantra principal da Siddha Yoga.

Cantava os refrões a plenos pulmões, para mostrar à nuvem negra quem mandava ali. E encontrou em Zé Roberto, o filho mais velho que terminava seu ano letivo no Acre, um grande aliado. Ele se revelara um importante combatente de outra nuvem negra — a do humor de João Manuel.

Vendo Zé brincar, o bebê daria suas primeiras risadas. Era o abre-alas para a digestão das viagens intermináveis, das fumaças, dos tombos, do desmame — e das demais substâncias que a vida lhe daria para ingerir.

Foi retomando o apetite, e começava a engordar de novo quando, um belo dia, trancou novamente a boca. Alerta máximo. Dessa vez, porém, o diagnóstico foi fácil. Zé Roberto tinha ido embora de Rio Branco. Em poucos dias, estariam juntos de novo no Rio de Janeiro. Bastou ver a cara do irmão para João Manuel voltar a comer. E a rir.

■ ■ ■

A família estava reunida no Aeroporto Internacional do Rio de Janeiro para receber sua ferida de guerra. Era final de dezembro, e Bia voltava de seu primeiro ano na Amazônia dez quilos mais magra e parecendo dez anos mais velha. Ia ser bom reencontrar a família. Ia ser trabalhoso encará-la.

Ficava um pouco mais exposta às críticas sem a companhia de Marcelo. Ele não voltara com ela para o réveillon no Rio. Internara-se na floresta para mais uma missão profissional. Ela se ressentiu. O passarinho voara num momento em que ela precisava dele pousado a seu lado.

Todos ficaram chocados com a figura de Bia. Misturado ao carinho e ao calor da recepção, o incômodo geral era evidente. Os pais de Marcelo, Cristina e Hugo, ofereceram-lhe hospedagem em São Conrado — o apartamento dela na Maria Angélica estava ocupado por Diduche, o combatente nawa. Os olhos de todos lhe refletiam uma caveira. E os comentários sublinhavam esse reflexo. Com exceção de tia Myriam, a matriarca da família Lin, com seus olhos azuis brilhando mais do que nunca aos 70 anos de idade:

— Ela está linda. Linda como sempre! Minha filha, que bom te ver com a sua alegria.

De uma forma ou de outra, todos estavam ansiosos por ajudá-la a superar aquela situação. E era um apoio importante para ela. Ali estava sua retaguarda. No primeiro telefone que encontrara após o acidente, ainda em Tarauacá, ela ligara para seu pai, Itamar. Queria que alguém soubesse o que estava acontecendo com ela, perdida no meio daquela floresta.

Uma vez no Rio, porém, a ajuda ficava meio afobada, sabendo-se que logo ela estaria partindo de volta para o Acre — e todos voltariam a ser só torcedores à distância, com um pouco de sorte tendo seus telefonemas atendidos.

Maria Dulce era uma das mais inconformadas. Ninguém era tão próximo de Bia quanto ela. Era difícil ver a irmã e parceira naquele estado, viciada em Novalgina, roubando minutos para antecipar um pouquinho a próxima dose.

Dulce estava certa de que Bia, no seu caminho de grandes conquistas, entrara numa trilha equivocada. Achava que aquela ligação da irmã com a floresta, o Daime, os índios e outros símbolos exóticos a estava levando a uma espécie de fanatismo, de culto cego a determinados valores. Achava isso e dizia, como era o seu estilo, de forma contundente e para quem quisesse ouvir. Até que o fusível da irmã queimou.

Estavam voltando de São Conrado pela Avenida Niemeyer, sozinhas no carro de Maria Dulce. A caçula insistia que Bia reconhecesse o caminho errado e acordasse enquanto era tempo daquele delírio. Irredutível, Bia dizia que quem estava delirando era ela. Dulce foi um pouco mais dura:

— Você tá péssima! Será que não está vendo que você tá uma merda? Olha pra você...

— Tô péssima porra nenhuma, você me respeita! Eu sofri um acidente, você vai começar agora a me difamar por causa disso? Você acha que eu sou a culpada?

— É óbvio que você é a culpada. O que você foi fazer na floresta com uma criança de sete meses, numa aldeia? Você é louca! Você virou uma fanática.

— Fanática é o cacete, não se mete na minha vida! Quem é você pra falar da minha vida? Agora deu pra me difamar por aí. Esquece que eu existo! Se continuar abrindo a boca pra falar de mim, eu vou me descontrolar com você...

Sentindo que estavam prestes a chegar às vias de fato, se calaram. E se afastaram — Dulce convicta mais do que nunca de que Bia se fanatizara, e Bia convicta de que Dulce estava mais preconceituosa do que nunca.

De toda maneira, a missionária do couro vegetal encerrava 1997 tendo que refletir sobre sua vida. Mas nem tudo lhe dizia que seu caminho estava errado. Depois de avaliar a expedição ao Juruá, os executivos da Hermès voltaram a procurá-la. Queriam discutir um contrato.

# Três mil Ipanemas

Três meses depois da noite inesquecível na espelunca de Tarauacá, Bia e Virgínia estavam num dos melhores hotéis de La Villette, Paris. Chegavam para discutir um contrato de dez anos com a Hermès, que poderia ser a salvação do couro vegetal. Ou, mais do que isso, sua consagração como negócio. Mas primeiro era preciso se entender com os franceses.

Havia discordância sobre alguns pontos cruciais. Teriam 72 horas para resolvê-los. As duas moças tinham saído do Rio numa terça-feira e a passagem de volta estava marcada para sábado. Seriam três dias em volta de uma mesa, diante de uma equipe de diretores e advogados da gigante do couro. Do lado delas, só elas. Seus advogados eram a sua petulância.

Passar o mês de janeiro de 1998 na casa dos pais de Marcelo tinha sido providencial, depois do ano infernal. Mas Bia chegava a Paris combalida. Sua nova realidade não lhe permitia deitar de bruços, a posição preferida para dormir, nem de lado. Além disso, tinha que dormir imóvel, pois estava usando à noite um pesado aparelho emissor de ondas para estimular a regeneração óssea. Sono, para ela, passara a ser licença poética.

E não ia ser diferente por um bom tempo. O ortopedista que a atendeu no Rio dissera que não havia mais a fazer além de esperar. Se a vida ia ser assim, o jeito era encarar a reunião em Paris — e mais uma separação do seu bebê. Até porque, no Treetap, a direção, o departamento jurídico e a alma estavam todos na mesma pessoa.

Na chegada para o primeiro dia de reunião, o prédio-sede da Hermès lembrou às visitantes brasileiras com quem elas estavam falando. Era uma caixa de vidro de cinco andares, com as salas nas bordas e um monumental vão no centro, onde um gigantesco lenço de seda pendia do teto ao chão com a marca da empresa. Através das paredes translúcidas se via Paris. Por dentro se via o mundo, nos monitores mostrando ao vivo as filiais da grife nas principais capitais do planeta. Era hora de se sentir formiga de novo.

O estranho era que, naquele prédio silencioso que parecia flutuar, estava também a produção final dos tradicionais artigos de couro. Bia quis saber que isolamento acústico perfeito era aquele, que não deixava vazar nem um zumbido das máquinas. A resposta simples: não havia máquinas. Tudo costurado à mão, não por costureiras, mas por artesãos de ponta, formados em escolas mantidas pela própria empresa, as "universidades do couro". Restava ver como aquele nível de excelência se aplicaria às "universidades do seringal".

O contrato proposto pela Hermès previa uma chuva de dinheiro na floresta. Não era esbanjamento nem ostentação, campo em que os franceses se mostravam mais sóbrios que os americanos. Patrick e Isabelle tinham apreciado o método Treetap desenvolvido por Bia e João Augusto em plena mata, mas pretendiam se meter naquele DNA. Do corte da seringueira em diante, queriam que cada passo da produção passasse a seguir, milimetricamente, um padrão Hermès.

A linha evolutiva seringueiros, Wilson, Paulo Semless, Bia, João, Dr. Outa, Dr. Mareck resultara num manual de controle de qualidade — um guia sintetizado pelo químico canadense sobre como lidar com um produto mais complicado que uma mulher. A Hermès não queria eliminar a complicação, mas queria reduzir a zero os erros decorrentes dela.

As lâminas que ficassem fora das especificações exatas deveriam ser segregadas e valeriam só uma fração do preço estabelecido. Uma nova engrenagem de testes, treinamentos, gerenciamento e controle seria ativada e inteiramente bancada pela empresa francesa. Além disso, ela se dispunha a pagar adiantado 40% de cada encomenda.

Aquilo seria como instalar um motor turbo no couro vegetal. Mas havia um dinheiro que a Hermès não queria dar. Bia e Virgínia pleiteavam uma verba anual para o desenvolvimento do Instituto Nawa. Era a cartada decisiva para a emancipação do braço militante do projeto. Gaspar, o diretor do departamento de couro da grife francesa, maior autoridade naquela reunião, foi claro:

— Nós definitivamente não vamos patrocinar isso. Se vocês insistirem, nós vamos preferir desistir do negócio. Reflitam e nos respondam amanhã. Não temos mais nada para conversar hoje.

As brasileiras voltaram para o hotel no final da quarta-feira com a perfeita noção de que o gigante sabia muito bem o que queria. Tinham chegado a Paris com o patrocínio ao Instituto Nawa como um ponto de honra. Na manhã de quinta-feira já tinham jogado a toalha, para não voltar mais cedo para casa de mãos abanando.

E tinha mais. O Treetap não ia se chamar Treetap. A marca seria "Amazônia", e o produto deveria ser fornecido com exclusividade à Hermès dentro do mercado de luxo. Bia quis saber o que era o mercado de luxo. Teve que ouvir de volta uma ironia:

— Não vamos te dar uma lista das empresas de luxo, porque podemos magoar as que ficarem de fora... Na dúvida, perguntem.

Na tarde de quinta-feira, a negociação chegou ao seu ponto crucial. Com todos os melhoramentos propostos dentro do novo padrão, o contrato apresentado pela empresa determinava que o novo produto, doravante chamado "Amazônia", seria propriedade intelectual da Hermès.

Bia reagiu. Disse que o novo padrão seria apenas o aprimoramento da matriz já existente, que tinha sido criada e registrada por ela. Não era justo. Gaspar mais uma vez foi claro:

— Nossa empresa não pode correr o risco de ter esse padrão disponível para um concorrente. Não vamos abrir mão da propriedade intelectual. Você pode pegar ou largar, a decisão é sua. Vá para o hotel, reflita e volte amanhã com uma resposta.

Furiosa, Bia não foi para o hotel. Não tinha cabeça para isso. Virgínia propôs que fossem visitar um amigo seu, Ali, francês de origem argelina que ganhara a vida explorando pontos comerciais em Paris. Ele tocava seus negócios sem sair de um apartamento confortável na rua Saint-Denis, numa área que misturava arquitetura antiga com sex shops e alto meretrício. E tinha sempre um bom drinque para oferecer.

Bateram lá de surpresa e foram recebidas não só com um bom drinque, como com hospedagem e boa conversa. Ali gostava de contar como construíra sua vida independente, ascendendo no meio dos negócios sem ter que dizer amém aos ditames das grandes corporações. Bia desabafou sobre o ponto a que chegara a negociação com a Hermès, e Ali fez um diagnóstico sucinto:

— É natural. Eles querem te engolir.

O último dia de reunião começou protocolar, com uma ampla revisão de todos os pontos do contrato já resolvidos. Só faltava a propriedade intelectual, sobre a qual os franceses fizeram uma breve recapitulação, só para reafirmar que se tratava de um ponto inegociável. A palavra estava com Bia, e ela deu sua resposta com serenidade:

— Entendo que a Hermès pense dessa forma sobre a questão da propriedade. Infelizmente, nesse ponto nosso pensamento é diferente. Não estou disposta a entregar, nem mesmo a compartilhar, esse direito. Se vocês quiserem desistir do negócio, para mim será uma pena.

A sala na imensa caixa de vidro ficou em silêncio. Os franceses estavam certos de que a única coisa que as brasileiras não queriam era voltar ao seu país de mãos vazias. O diretor do departamento de couro procurou temperar a rebeldia da interlocutora. Provavelmente, era uma questão de suavizar o clima para que ela revisse o seu impulso.

Simpático, revisitou as trinta páginas do contrato repleto de vantagens para o couro vegetal, e no final lembrou que, na sala ao lado, havia uma garrafa de champanhe esperando somente por aquela última cláusula. É claro que ela não ia botar tudo a perder.

Bia apenas sorriu. E disse que sentia muito.

Surpreendido, Gaspar parou de argumentar. Depois de nova pausa, num tom mais pessoal, apenas perguntou:

— Mas por que você quer tanto isso?

Bia encerrou:

— Porque isso é meu.

A equipe da Hermès retirou-se para o almoço. Na volta, já trazia o contrato com a nova redação, estabelecendo que a propriedade intelectual do produto era da Couro Vegetal da Amazônia. O estouro do champanhe ecoou na silenciosa caixa de vidro como um tiro. Um tiro de partida.

■ ■ ■

Na volta ao Rio, não haveria muito tempo para festejar com a família o leão caçado em Paris com um braço só.

Bia tinha que fazer as malas e se mandar de volta para o Acre. Precisava reestruturar a toque de caixa sua linha de montagem na floresta — agora numa escala muito maior. Às vésperas de sua partida, porém, quando se preparava para assistir à entrega do Prêmio Molière por um figurino de couro vegetal — assinado por Marcelo Olinto numa peça de Enrique Diaz —, recebeu um telefonema inacreditável.

Zé Roberto, seu filho mais velho, acabara de ser internado na UTI da Casa de Saúde São Vicente. Se na passeata com Chico Mendes, aos 4 anos de idade, ele pedalara com a velocidade de um garoto de 10, aos 13 sua bicicleta descera uma ribanceira no Alto Leblon com a velocidade de um Fórmula 1. E havia um paralelepípedo no meio do caminho.

A violenta pancada na cabeça provocara uma convulsão, e no hospital já tinha sido identificado um coágulo no cérebro. Bia correu para lá e teve um choque ao ver o filho. Seu rosto estava deformado e sua cabeça parecia ter dobrado de tamanho. O neurocirurgião Paulo Niemeyer Filho, maior autoridade no ramo, já estava ao lado do leito de Zé Roberto.

Depois de três dias de esgrima no quartel-general da Hermès, três dias de aflição na UTI. No final não dava para estourar champanhe, mas o perigo maior estava superado com o desaparecimento do coágulo. Com o início da redução do inchaço, o cirurgião plástico podia iniciar seus trabalhos.

Seriam seis meses de acompanhamento até as feições do menino se normalizarem totalmente.

No meio desse processo, ela teve que se meter numa operação plástica mais profunda. A ressurreição da empresa Couro Vegetal da Amazônia, que estava em estado vegetativo desde o final de 1996, se daria com um novo visual. Passaria por uma reestruturação acionária, e o novo sócio de Bia Saldanha seria Perfeito Fortuna, o general nawa.

Com a recusa dos franceses em bancar o Instituto, a célula guerrilheira migraria da "clandestinidade" para a iniciativa privada. Àquela altura, Bia não tinha muito claro o que fazer com sua "Igreja carismática de sacoleiros", a rede de jovens simpatizantes atraídos para espalhar a mensagem e o produto. Para ela, o discurso boca a boca da salvação da floresta estava esgotado. Uma alta performance empresarial seria, agora, a verdadeira militância.

A nova empresa não podia nascer com crise de identidade, até porque o contrato com a gigante francesa exigia que ela passasse a operar em níveis de excelência inéditos. Os novos sócios precisavam afinar sua filosofia. Numa reunião com formadores de opinião para difundir o couro vegetal, Perfeito dissera que "o nosso negócio não é vender bolsinha", enfatizando a profundidade da causa. Preocupada com as oscilações comerciais do produto, que quase já o tinham levado à morte algumas vezes, Bia achava que o negócio era, acima de tudo, vender bolsinha.

Na hora de definir a composição acionária, surgiria outro tipo de diferença filosófica: quantos por cento para cada um.

Perfeito propunha 50 a 50. Tinha sido ele o grande parceiro na hora de evitar que o projeto virasse pó, o motor da resistência. Bia reconhecia isso, mas a dívida com o BNDES, que não parava de crescer, estava pendurada no nome dela. E continuara sendo a principal provedora de recursos para manter a brigada em ação. Ofereceu-lhe 30%.

No bate-rebate de argumentos mais ou menos científicos, mergulharam no impasse.

Sozinha num fim de tarde em sua varanda acreana, num raro momento de calma naqueles últimos anos, Bia deixou sua mente voar. Sobrevoou suas conquistas, amores e tombos, seu acidente e sua quase mutilação, o sufoco do parto e dos problemas de saúde de seu bebê, o drama de Zé Roberto, que agora enfim estava bem, assim como no sonho em que a amiga descia de avião no meio da floresta para, simbolicamente, devolvê-la às suas raízes. Estava agora de novo tateando suas raízes, já entrando em meditação profunda, e uma frase começou a se repetir docemente em sua cabeça: *"Are you working together?"* *"Are you working together?"*

Era a voz de Gurumayi, quando abençoara no seu templo a parceria de Bia e João. Ela despertou do transe, foi para o telefone e ligou para João Augusto. Ele estava partindo para a Índia. Ia encontrar-se com Gurumayi.

Ela não deu muitas explicações. Disse-lhe apenas que uma certeza acabara de estalar em sua cabeça: a nova cara da Couro Vegetal da Amazônia, quando soara o tiro de partida para o momento decisivo da sua jornada, tinha que ser a cara de Bia Saldanha e João Augusto Fortes.

— Eu e você, João. Eu e você! Gurumayi falou. É assim que tem que ser.

Depois de uma pausa, João disse apenas, carinhosamente:
— Que bom, Bia.

Enquanto ele assimilava a nova perspectiva na Índia — com sua nova mulher, Carol, mãe de seu quinto filho, Francisco —, sua nova velha sócia montava na floresta o exército de seringueiros e índios que ia elevar o couro vegetal ao padrão

Hermès. E à dimensão Hermès. Simultaneamente, em Paris, Virgínia era ovacionada no lançamento do couro vegetal pela gigante do couro animal.

Num vasto jardim nos arredores de Paris, a empresa montara uma réplica da cidade de Asterix, o gaulês. Simbolizava a resistência do pequeno, como os combatentes do couro vegetal na imensidão da floresta. Em seu calendário temático, a Hermès batizara 1998 como o Ano da Árvore, e o produto "Amazônia" era o destaque mundial da empresa. Clientes, jornalistas, vendedores e personalidades variadas recebiam de brinde um cadeado de ouro gravado com a marca registrada do couro vegetal — a seringueira com os vários cortes em "v" riscados ao meio.

O carro-chefe da linha "Amazônia" era uma bolsa feminina que a grife chamou de "Gardene" e pôs à venda a 1.300 euros. Bia e João Augusto, escaldados com as resistências aos seus preços elitizados, tremeram na base. E se fosse um encalhe monumental? O que fariam com as cifras gigantes daquele contrato e a megaestrutura de produção que estavam erguendo?

Não tiveram muito tempo para aflições. Mal foi lançada, a bolsa Gardene desapareceu das prateleiras em todas as lojas Hermès mundo afora.

Patrick e Isabelle já queriam mais velocidade no fornecimento das lâminas, e a linha de montagem no Juruá e em Boca do Acre entrou em ritmo de guerra. Havia couro vegetal descendo rios por toda parte, às toneladas. E a margem de lâminas recusadas pelos padrões rigorosos do novo manual era mínima. A impressionante indústria artesanal do Treetap estava funcionando. A imagem futurista idealizada por Chico Mendes, com os povos da floresta conectados ao topo do mundo — não por sua penúria, mas por seu trabalho —, ganhava um quadro realista dez anos após a sua morte.

O sucesso da linha "Amazônia" parecia não ter limites. No ano seguinte a demanda continuaria explodindo. Nas principais capitais do planeta, a espera por um pedido podia chegar a seis meses. A bolsa Gardene preparava-se para fazer história: alcançaria a marca de 80 mil unidades numa única coleção — um recorde da Hermès em seus 160 anos de existência.

O big boss da empresa, Jean-Louis Dumas, desembarcaria pessoalmente no Rio de Janeiro para cumprimentar Bia e João. A conversa com o imperador do couro começaria no Copacabana Palace e terminaria, algumas caipirinhas depois, num boteco de Santa Teresa. Na ocasião, o couro vegetal ainda não chegara aos 100 milhões de euros de faturamento para a Hermès — marca que superaria depois —, mas ele já tinha uma profecia: chegaria o dia em que a dupla carioca seria responsável por 10% de todas as vendas da empresa.

Bia retribuiria a visita, recebida com Marcelo para um jantar na casa de Jean-Louis. Na ocasião, junho de 2000, aproximava-se a celebração da queda da Bastilha (14 de julho), e corriam as comemorações pelos 500 anos do descobrimento do Brasil. A Hermès confeccionara um de seus tradicionais lenços de seda tematizando conjuntamente as duas datas nacionais, para ser dado de presente ao presidente Fernando Henrique Cardoso, que chegaria à França para os festejos.

Ao fim do jantar, Jean-Louis apanhou a caixa com o lenço e entregou a Bia:

— É seu. Depois preparo outro para o presidente. Para mim, você é a brasileira que merece este presente.

■ ■ ■

Na aldeia do alto rio Gregório, sob um céu estrelado, o pajé Yawanawá cumpria um ritual pouco compreensível para os brancos recém-chegados. Era um cântico longo, e a única coisa que se fixara para João Augusto, em meio aos efeitos da ayahuasca que brancos e índios tinham compartilhado, era uma espécie de refrão — um ponto do cântico em que o pajé dizia "moto", "moto", repetidamente.

Ao fim do ritual, João e Bia se aproximaram de um antropólogo que os acompanhava, querendo saber o significado das palavras cantadas pelo pajé. Estavam em 1994, em uma de suas primeiras incursões à floresta do Juruá, cuidando da instalação de um forno para o couro vegetal na aldeia Yawanawá. O antropólogo explicou-lhes o ritual, especialmente aquele refrão que ficara na cabeça de João:

— "Moto", "moto", "moto" é uma referência ao motor da lancha dos missionários que chegaram aqui 30 anos atrás e expulsaram os pajés. Depois que os pajés conseguiram voltar, sempre que chegam brancos na aldeia eles cantam assim. É como se fosse para lembrar o que aconteceu, numa espécie de alerta espiritual aos recém-chegados.

Ou seja, João e Bia estavam, naquele momento, sendo revistados espiritualmente pelo pajé. Uma espécie de voto de desconfiança, até prova em contrário.

Quatro anos e muitas provas em contrário depois, a dupla branca era não só querida na aldeia, como se misturara à sua cultura com a produção em larga escala do couro vegetal. Os Yawanawá eram uma das principais bases produtoras para a Hermès. E sua imagem rodava o mundo junto com a grife francesa, a partir do material filmado na expedição em que Bia se acidentou.

A possibilidade de desenvolver entre os índios um padrão de produção tão rigoroso, como o projeto exigia e os franceses mais ainda, não era magia. Depois do longo período de indigência e sujeição a missionários e patrões, a cultura do trabalho meticuloso e responsável vinha sendo fortalecida entre os Yawanawá. Um de seus principais pregadores era um líder jovem, que mal completara 20 anos de idade, e que dizia aos seus irmãos índios: "Vocês não têm o direito de ser preguiçosos."

Joaquim Yawanawá era esse jato de sinceridade e irreverência. Aos sete anos de idade, vítima de malária e hepatite, ficara entre a vida e a morte durante uma semana. Seu pai, o cacique Raimundo Tuincuru, principal líder do povo — tio de Bira, que mais tarde assumiria a liderança —, mandou-o então para Rio Branco num avião de missionários. E fez uma promessa a eles, acima de qualquer conflito: se acontecesse o milagre de Joaquim sobreviver, ele seria pastor.

O menino se safou, e foi mantido na cidade, longe de seus quatro irmãos e vinte irmãs, para iniciar seus estudos religiosos. Mas eram tempos difíceis para um Yawanawá, especialmente fora de sua terra. Na virada para os anos 80, estava apenas começando o movimento de libertação do Juruá liderado por Terri e Macêdo. Joaquim observava que os índios no Acre se apresentavam até como "bolivianos", "peruanos", menos como índios.

Certo dia na escola, sentindo calor, ele levantou sua camisa no pátio e ouviu um grito da diretora:

— Vista já essa camisa, seu índio! Você não está na sua aldeia!

Na adolescência, via seus colegas índios ficando louros de água oxigenada, índias de cabelos encaracolados com a aplicação de bobes. Achava todos ridículos. Mesmo assim foi ficando, e no decorrer dos estudos se revelou um prodígio. Por parâmetros indígenas ou brancos, Joaquim era uma mente privilegiada.

Quando terminava o ensino médio para iniciar a preparação para seminarista, conheceu Terri Vale de Aquino. O antropólogo ficou impressionado com a capacidade do garoto e tentou mudar seus planos:

— Eu não te vejo como pastor. Te vejo voltando para a floresta para ajudar seu povo.

Joaquim avacalhou a profecia:

— Ué, Txai. Como pastor eu posso voltar e salvar o meu povo da perdição...

A piada conquistou Terri de vez, e ele não descansou enquanto não desviou o garoto do caminho religioso e arrastou-o para sua trincheira na Comissão Pró-Índio.

Ali, logo ficou íntimo dos computadores, quase um nerd, destacando-se no uso da tecnologia para sistematizar e difundir a cultura indígena do Acre. Chamou a atenção de representantes da companhia de cosméticos americana Aveda, que iniciava sua parceria com os Yawanawá, e ganhou uma bolsa para estudar seis meses nos Estados Unidos. Acabou ficando cinco anos.

Viveu em São Francisco, depois foi para uma cidade no Novo México, onde foi "adotado" por um milionário do petróleo. O magnata queria criar uma instituição de pesquisa indígena, o que Joaquim via mais como uma questão de não saber onde botar tanto dinheiro.

Mas encarou a empreitada e partiu para uma expedição por terras indígenas do Canadá até o Chile. Acumulou vasto conhecimento na missão altamente bem-sucedida, com exceção da passagem pela Venezuela. Lá, por uma coincidência atroz, deu de cara com os missionários que os Yawanawá tinham expulsado de suas terras. Os padres identificaram Joaquim e puseram-no para correr.

Ao se debruçar sobre a cultura de seu povo, o jovem estudioso teve logo um insight: os anos de opressão e descaracterização moral tinham viciado os índios em apoiar-se na piedade alheia. Começou a escrever e a criticar pessoalmente seus pares de forma dura:

— Vocês usam a desculpa de ser índios para errar, para fracassar. Os outros vão perdoar vocês, porque vocês são índios. É o contrário! Nós não podemos entregar um produto inacabado porque somos índios. Temos que entregar um produto perfeito porque somos índios.

Joaquim encarnava a mudança de atitude que os Yawanawá experimentavam quando a Hermès alavancou a indústria do couro vegetal.

O principal zelador do padrão Hermès era Wilson, o seringueiro por opção e artesão por vocação. Com seu perfil de Popeye, teimoso e perfeccionista, ele ia se tornando um controle de qualidade ambulante. Bastante rodado desde que saíra de São Paulo com uma mochila nas costas, Wilson tinha habilidade para lidar com a base de seringueiros e índios. Mas seu estilo operário se chocava um pouco com o timing dos Yawanawá:

— Aqui, quando se fala em trabalhar, some todo mundo. Quando se fala em fazer reunião, todo mundo aparece de banho tomado e caderninho na mão — provocava o supergerente de Boca do Acre, sem o menor acanhamento em chamar os índios de preguiçosos.

Mas o fato era que, com algumas diferenças no ritmo de produção, a linha de montagem decolara. Em 2001, o couro vegetal já somaria 40 unidades de produção espalhadas pelos seringais. Seringueiros que apenas subsistiam agora alcançavam uma renda anual de até 15 mil reais. Uma revolução.

Começavam a surgir, na nova geração, seringueiros que não cortariam uma seringueira sequer. A divisão do trabalho distinguia a fase da extração do látex, nas penosas peregrinações pelas estradas de seringa, e a etapa da manufatura — onde estavam a defumação, a vulcanização artesanal, o acabamento das lâminas. Um desses meninos era Zé Almir, que Wilson recrutaria exclusivamente para o trabalho mais qualificado, por seu talento e senso de responsabilidade. Ele se tornaria seu braço direito — um emergente de Boca do Acre, que adquiriria sua casa própria e outra para os pais.

No seringal Madeirinha, na mesma região, seringueiros como Ednaldo e Antônio tinham sido perdidos para os serviços de derrubada com motosserra e os biscates na cidade. Agora voltavam às origens, também se destacando como artesãos.

Seus muitos filhos pequenos, correndo como curupiras por entre as árvores, agradeciam o retorno à floresta. Um dos meninos de Ednaldo, Marcelo, de oito anos, o mais carismático de todos, deu a Bia certa vez a dimensão da pureza que traziam. Fotografado com a câmera digital da empresária, o menino foi chamado para ver como tinha ficado. Olhou sua foto e perguntou a ela:

— Esse sou eu?

Marcelo não conhecia sua própria imagem. Mas tinha idéias na cabeça. E elas mostravam que a batalha cultural ali ia ser dura. Entusiasmada com os bons ventos, Bia perguntou se ele seria seringueiro quando crescesse. O menino respondeu na bucha:

— Seringueiro? Que nada, vou ser fazendeiro!

Talvez mudasse de opinião com o tempo, vendo o pai progredir na floresta.

Wilson também prosperaria. Acabaria comprando seu próprio seringal, movido mais por idealismo do que por desejo de posse. Um fato que o preocupava como devoto da Rainha da Floresta era a desvalorização das terras às margens dos rios Acre e Purus. Chegara a ver um seringal ser trocado por um motor de popa. Ao ver outro ser posto à venda por 25 mil reais, e tendo o dinheiro em caixa, decidiu arrematá-lo. Estava "especulando", forçando para cima as ações das seringueiras.

Seu despojamento impedia-o de levar muito a sério a perspectiva da prosperidade material. Na organização institucional do fornecimento à Couro Vegetal da Amazônia, por questões fiscais, deixara de representar uma associação e passara a atuar como microempresário. O título não lhe subia à cabeça: "Sou um empresário de merda."

O desencontro com as receitas de sucesso vinha desde garoto. Saíra ainda na infância da pequena Ibitinga, interior de São Paulo, para estudar na capital. Depois de passar no vestibular, já universitário da USP, visitou o bairro em que nascera, onde vizinhos aguardavam com certa expectativa a volta do "vencedor". Wilson já era um leitor de Carlos Castaneda, sentindo-se um cavaleiro em busca da transcendência, portanto um perfil algo diferente do vencedor esperado pelos vizinhos. Quando apontou na rua sua figura magra, pálida e cabeluda, uma senhora que o vira nascer deixou escapar o sentimento sincero:

— Que decepção...

Da faculdade de administração de empresas realmente não sairia nem meio bacharel. Mas, na virada do século, depois de ajudar a fundar um povoado e ajudar a criar um produto de sucesso, o jovem decepcionante tinha três casas para administrar — em Boca do Acre, na Vila Antimari e no Céu do Mapiá —, além de um seringal, um escritório e uma voadeira. Mas sua única ambição continuava sendo não ter que voltar para Ibitinga.

Bia e João Augusto também não tinham ambições expansionistas. Queriam apenas continuar sendo empresários que defendem a Amazônia, sem ter que voltar a gritar slogans na praia de Ipanema. E, em 2001, a área de floresta protegida direta e indiretamente por seu projeto já se aproximava de um milhão de hectares — ou mais ou menos três mil Ipanemas.

# Pai, quero ser feia

O telefone tocou no escritório da Couro Vegetal da Amazônia, num moderno prédio comercial no Jardim Botânico. Era uma ligação urgente de São Paulo para Beatriz Saldanha. O fornecedor de sua fórmula química estava preocupado:

— Recebemos um telefonema suspeito do Acre. Era alguém encomendando o vulcanizador 2218. Só que o 2218 ainda está em teste, nenhum seringueiro recebeu. Só tem dez baldes lá no seu armazém em Boca do Acre. Alguém vazou essa informação.

Bia ligou imediatamente para Wilson, que não sabia de nada. Parecia espionagem. Não muito tempo depois, numa feira organizada pelo Sebrae em Rio Branco, o estande em frente ao do couro vegetal trazia os produtos da "Amazônia Couro de Vegetais". Eram quase réplicas do vizinho, só um pouco mais toscos e coloridos. No filme em que divulgavam os utensílios, aparecia a própria marca Treetap.

A empresária carioca não acreditou no que via. Mas deveria acreditar. Ela mesma estava na origem daquela situação. E o problema ainda ia crescer.

Em 2000, com a parceria Hermès batendo recordes, surgira uma perspectiva de sonho: desenvolver um produto junto com os seringueiros da Reserva Extrativista Chico Mendes. A ONG internacional WWF ia patrocinar uma associação local no projeto de uma sandália ecológica com solado de crepe de borracha nativa, feito na região. A proposta era que as tiras fossem de couro vegetal.

Em sete anos de Amazônia, Bia nunca tinha entrado comercialmente na Reserva Chico Mendes, na região de Brasiléia e Xapuri, a lendária cidade do mártir. Marcelo alertou que ali a situação era um pouco diferente, com uma correlação de forças mais complexa — até por ser o epicentro das repercussões do crime. Mas a estrela do couro vegetal tinha um contato quente na área: o sindicalista Osmarino Amâncio, um dos parceiros históricos de Chico, que até já se hospedara em seu apartamento na Maria Angélica.

Osmarino era o único remanescente dos inventores do "empate" na região de Xapuri que continuava na floresta cortando seringa. Seria uma parceria orgânica, simbolicamente forte, perfeita. Ele topou.

O projeto era ambicioso, prevendo a venda de 5 mil sandálias por mês. A Couro Vegetal montou nada menos que oito unidades produtivas na reserva, transmitindo cada etapa do seu conhecimento e do seu padrão para o povo local. Mas, à medida que a data do lançamento da sandália — janeiro de 2001 — se aproximava, ficava claro que o projeto não conseguira definir seus canais de comercialização. E a produção também não engrenava. A esquadra do couro vegetal na terra de Chico Mendes não sairia da praia.

A sandália ecológica foi apresentada ao público no festival Rock in Rio Por Um Mundo Melhor, conforme previsto. Mas não tinha estoque para vendas, nem quem a vendesse. Bia desistiu do projeto. O projeto também desistiu dela, mas não do seu produto. Iniciava-se um enredo insólito — e perigoso: o couro vegetal passava a ter em Osmarino e companhia uma espécie de braço involuntário.

Tão involuntário quanto o braço esquerdo da dona. Três anos depois do acidente, sua recuperação tinha sido zero. A decisão de esperar pela calcificação do úmero tinha sido desastrosa. A calcificação avançara, mas sem sombra de junção das partes. Além de conviver com uma dor atroz, ela praticamente não controlava o braço. Tornara-se uma deficiência física.

Bia voltara com a família a morar no Rio, entre outras coisas para tentar encontrar um tratamento. Já colhera uma segunda opinião, uma terceira, uma quarta, até perdera a conta, quando lhe indicaram o assim chamado "Doutor Úmero". Estava naquela fase em que, se era para ficar sem braço, que pelo menos a poupassem do folclore. O ortopedista chamava-se Michel Simoni, e ainda mais era médico do Fluminense, o que não ficava nem bem para uma botafoguense sobrinha-neta de João Saldanha. Valia qualquer desculpa para livrar-se da loteria dos consultórios.

A única conselheira que ainda a influenciava era sua dor, e acabou levando-a a colher a enésima opinião. Simoni não dissertou muito. Apenas disse que lhe devolveria o braço. Ela só precisava concordar em passar por uma nova cirurgia. Grande.

Bia levou quase um ano para responder a ele. A perspectiva de entrar novamente na faca, para arrancar um pedaço do osso da bacia a marteladas e tentar a reconstrução do úmero com novos parafusos e placas, era... Bem, ali já não estava uma mulher tão destemida.

Ao menos já não estava mais tão sozinha em seu drama Exatamente dois anos depois de seu acidente, João Augusto partira o úmero esquerdo exatamente no mesmo lugar. E também numa queda em que tentara proteger o filho pequeno.

João comentara com sua filha Alice na estrada para Mauá (RJ) que tinha tido um sonho estranho com Gurumayi. Ela apertava com força seu ombro esquerdo, a ponto de ele sentir a dor enquanto dormia, e dizia apenas: "Vai doer, mas vai passar." Chegando a Mauá, foi passear de bicicleta com o filho Francisco, de 2 anos, numa cadeirinha à sua frente. Tombou, largou o volante para protegê-lo e desabou sobre o cotovelo esquerdo. A guru insistia em casar seu destino com o da sócia.

Vai doer, mas vai passar, repetiu para Bia, no momento em que ela tomava coragem para a grande operação. E, se ainda lhe faltava companhia em seu drama, Ailton Krenak tomou a providência final.

Exatamente um ano depois de João e três anos depois de Bia, o pajé entrou para o time. Também por causa de um filho. No caso, o filho que ia nascer, Kremba. Krenak se dirigia às pressas ao hospital na caçamba de uma caminhonete, quando o carro bateu num buraco e ele voou para fora. Mesmo braço, mesmo úmero, mesma fratura.

Com tanta solidariedade, a empresária decidiu encarar o desafio de Michel Simoni. Cinco horas de marteladas, encaixes e perfurações depois, ainda grogue de anestesia, receberia os parabéns do Doutor Úmero: correra tudo bem, e ela voltaria a ter o seu braço.

Operada em 18 de dezembro de 2000, Bia chegaria ao Rock in Rio em janeiro com jeito de soldado voltando da guerra. A sandália ecológica fracassara, mas não a deixara a pé. O desfile da grife amazônica que ganhara o mundo seria um dos pontos altos do concerto para um mundo melhor. Com direito à subida da combatente na passarela, de tipóia, enfaixada e mancando, para receber os cumprimentos do anfitrião, Roberto Medina, e do governador do Acre, Jorge Viana, sob os aplausos gerais.

No auge do sucesso com a Hermès, Bia e João tinham resolvido diversificar. Era hora de expandir para outras frentes. Estavam em pleno boom da Nova Economia, o momento em que a internet prometia ser o novo eldorado do capitalismo. A dupla não ia ficar de fora dessa. No mesmo Rock in Rio, lançavam a plataforma digital da empresa: um sofisticado site de vendas online e informações sobre a Amazônia.

Era uma parceria de alto investimento com os sócios do Ibope, o instituto de pesquisa, que já estavam desenvolvendo uma monumental enciclopédia virtual sobre a maior floresta tropical do mundo. O projeto, batizado de AmazonLife, seduziu os donos do Treetap. Fora do circuito Hermès, impulsionadas pelo novo eldorado da internet, as bolsas de couro vegetal se chamariam AmazonLife.

Como a imensa maioria das apostas nessa corrida do ouro de 2000-2001, o projeto foi um fracasso. Instalações incríveis, ferramentas de software caríssimas, staff de alto nível e vendas próximas de zero. O que deveria ser uma alavanca financeira para os lucros com a Hermès tornou-se um ralo. Na pior hora.

Em Paris, Isabelle tinha algo urgente para mostrar a eles. Não dava tempo de se reunirem. Despachou a encomenda pelo correio para o Rio. Era uma bomba.

O presidente da Hermès Japão havia levado pessoalmente ao presidente internacional da empresa uma bolsa Gardene esbranquiçada. No quarto ano de sucesso planetário, um exemplar do couro vegetal driblara os padrões e conseguira exibir seu lado temperamental. Ao abrir o pacote e ver a bolsa desbotada, Bia sentiu um frio na barriga. Sabia, em se tratando de Hermès, o que aquilo significava.

Quando o Estado-Maior da grife francesa chegou ao Rio para discutir a situação, a bolsa estava nova em folha. Parecia ter sido trocada por outra. Mas os parceiros sabiam que ela não faria isso. Perguntaram-lhe o que acontecera. Bia respondeu que acontecera algo simples: ela passara silicone no produto. A bolsa encarquilhada agora parecia ter acabado de chegar à prateleira, brilhosa e com o toque macio característico do Treetap.

— Nós precisamos ensinar ao consumidor do couro vegetal que a bolsa dele é uma planta. Se não cuidar, ela morre — argumentou a empresária ambientalista.

Mas a filosofia da Hermès não tinha nada de ambientalista. O que os fascinava — e a seus clientes — na Amazônia não era o ecológico, era o exótico. Certa vez, numa conversa a dois, o presidente Jean-Louis Dumas expressara sua total ausência de culpa quanto ao uso do couro animal:

— Bia, os bichinhos vão morrer um dia. A gente só marca a data.

Aquela conversa de "sua bolsa é uma planta" não ia emplacar com os gigantes mundiais do couro. A parceria estava ferida de morte.

Surgiram outras devoluções nas demais filiais. Mas a coisa não veio abaixo como o castelo de cartas da Deja Shoes. O produto continuava firme, e os defeitos não passariam de 5% das vendas. Na escala em que o negócio estava, porém, aquilo significava alguns milhares de clientes insatisfeitos.

De saída, a encomenda anual de 70 mil lâminas caiu para 20 mil. Estava acesa a luz vermelha. Havia divergências na cúpula francesa sobre o que fazer com a menina-dos-olhos da empresa. Jean-Louis sustentava que a parceria estava mantida. Em viagem a Milão, Bia entrou numa loja Hermès e perguntou se tinha algum produto "Amazônia". A vendedora trouxe uma bolsa e um caminhão de ressalvas:

— Você sabe o que é isso? Isso não é couro! Arranha, se desgasta. Você precisa saber que é um material frágil.

A empresária brasileira era otimista, persistente, mas não era tola. Se uma vendedora Hermès tinha adotado um discurso alarmista daqueles, era o fim da linha.

E de fato era. No final de 2001, a direção da Hermès informou oficialmente que ia exercer sua opção de renunciar ao contrato de dez anos na metade do período. Isso significava que, até o fim de 2002, estaria tudo acabado. E, apesar da receita líquida de mais de 5 milhões de reais naquela fase do projeto, a Couro Vegetal estava de novo, graças aos ralos que insistiam em se abrir no seu orçamento, com o caixa embicando para o vermelho.

Bia e João tinham que decidir o que fazer com seu exército de índios e seringueiros espalhados pela floresta. Decidiram que iniciariam imediatamente uma busca por novos clientes, e de financiamentos públicos e privados. Mas não iam dourar a pílula. Fizeram as contas, afiaram a tesoura e partiram para fechar 20 das 40 unidades de produção.

Os Yawanawá estavam fora dos novos planos. A relação com o cacique Biraci tinha entrado num terreno sombrio. Ele havia recebido 14 mil reais para entregar mais um pedido de duas mil lâminas. Bira alertara, porém, que vinha tendo custos adicionais na aldeia para manter aquela linha de montagem funcionando a pleno vapor. Precisava de um adiantamento um pouco maior. Recebeu uma suplementação, depois mais uma. Quando o pagamento chegou ao dobro do valor do pedido, nenhuma lâmina tinha sido entregue.

Bia ligou para ele. Foi informada de que os Yawanawá precisavam de mais 4 mil reais para poder entregar o pedido. A empresária perdeu a calma:

— Não te mando mais um centavo. E vou avisar à Hermès que você não cumpre o que promete.

O cacique se manteve sereno, dizendo que ela estava enganada. Ele sentia muito, mas de fato tivera uma série de urgências na aldeia, cuja administração era complexa, com muitas carências. E precisara fazer frente a elas.

A dona do Treetap não quis saber e cortou os Yawanawá do projeto. Pouco tempo depois, soube que as lâminas encomendadas — e já pagas — acabaram sendo vendidas por Bira a Perfeito Fortuna, que depois da separação criara seu próprio negócio, a Eco Ouro. Ela rompeu com os dois e deu seu último recado ao chefe indígena:

— Bira, você é um canalha.

Na volta de sua temporada nos Estados Unidos, Joaquim Yawanawá assumiu a liderança de seu povo. Bira retirou-se e se tornou pajé. Querido por Bia e Marcelo, testemunha do nascimento de João Manuel, Joaquim procurou-a para retomar a produção de couro vegetal. Era hora de superar aquele mal-entendido entre a administração de uma aldeia e a administração de uma empresa.

Mas Bia não cedeu. Recebeu Joaquim em seu apartamento no Rio e disse que o couro vegetal não voltaria ao alto rio Gregório, onde a floresta quase a engolira. Mandou uma explicação aos Yawanawá em fita cassete.

Na busca por horizontes novos para o projeto com a desistência da Hermès surgira uma perspectiva promissora. O Fundo para o Desenvolvimento da Biodiversidade (Funbio), ao qual Bia e João tinham concorrido separadamente quando estavam brigados (e por isso foram desclassificados), abria novo edital na praça. A verba oferecida estava na medida para a Couro Vegetal retomar o oxigênio e reconstruir as pontes para sua nova linha AmazonLife.

Mas as trombadas na floresta iam começar a cobrar seu preço. Num seminário com a presença de representantes da Reserva Chico Mendes, um conselheiro do Funbio ouvira denúncias contra o couro vegetal.

O presidente de uma das associações locais, Sérgio Alécio, declarava que os seringueiros estavam indignados com a empresa de Bia e João. Acusava-os de serem monopolistas, usando o trabalho dos povos da floresta para seu lucro privado. Não democratizavam sua tecnologia, induziam os seringueiros a produzir só para eles, e ainda sorviam verbas públicas e patrocínios de ONGs internacionais em nome da causa amazônica. Publicamente, Alécio pedia ajuda para denunciar aquela exploração.

O Ministério Público Federal acabara de arquivar o inquérito em que a Couro Vegetal da Amazônia era acusada de cegar índios. Agora a empresa teria que enfrentar a acusação de monopolista e usurpadora dos seringueiros.

Bia foi informada da denúncia por uma conhecida que estava na tal reunião, e correu ao presidente do Funbio, Pedro Leitão, para rebatê-la. Tarde demais. O conselheiro Adalberto Veríssimo, que ouvira a denúncia, não a encampava, mas argumentava que não era prática do Fundo apoiar projetos afetados por algum tipo de tensão social. Depois de cinco meses de preparação, a candidatura do couro vegetal estava vetada.

Ainda desnorteada, tentando entender para onde ia, Bia foi contatada pela ex-ministra Dorothéa Werneck. Ela voltara ao governo federal para chefiar a Agência de Promoção de Exportações (Apex), com status de ministra. Dorothéa vira uma bolsa de couro vegetal na Hermès em Paris e estava encantada.

— Esse produto é um símbolo do Brasil. Temos todo interesse em apoiar a comercialização dele no exterior. Vai abrir espaços para muitas outras oportunidades. Está no topo da minha lista de financiamentos.

Era promessa de céu azul de novo. Mas o programa da Apex não apoiava empresas, só associações. Bia e João precisavam associar-se a empresas afins, com o mesmo perfil de atividade e capacidade exportadora. Era incrível, mas elas pareciam não existir. Após dois meses de buscas, a empresária carioca cruzou com a ministra num seminário em Brasília, e foi cobrada:

— Onde está sua proposta? Estou usando o couro vegetal como exemplo nos meus discursos sobre pequenas empresas exportadoras. Precisamos acelerar isso.

Até que a alternativa enfim surgiu. O governo do Acre estava criando uma agência de negócios do estado, que se encaixava no perfil exigido pela Apex. O governador Jorge Viana era um aliado, com sua política da "florestania", que depois de décadas alinhava o poder local com movimentos como a revolução do Juruá.

O governo aceitou associar a Couro Vegetal à agência e inscrevê-la no projeto de Dorothéa. Mas exigiu que o programa de apoio e o financiamento fossem divididos por todos os negócios filiados à agência, que eram dezenas e incluíam até produção de farinha. Ou tudo, ou nada. O problema era que o tudo, nesse caso, era nada.

De forma sutil, sem discurso explícito, o governo do Acre estava encampando as críticas ao caráter supostamente monopolista da empresa de Bia e João Augusto. Queriam que eles treinassem índios e seringueiros em todo o estado para produzir couro vegetal, com a disseminação irrestrita de sua fórmula. Do contrário, não os apoiaria. E iria além.

Na feira do Sebrae, o estande da Amazônia Couro de Vegetais, que clonara as bolsas de Treetap e usava a própria marca de Bia e João para divulgar seus produtos, apareceu com apoio institucional do governo do estado. Para completar o fechamento do cerco, a senadora Marina Silva, simpatizante de primeira hora do projeto Treetap, apareceria numa propaganda partidária na TV com o estande da Amazônia Couro de Vegetais ao fundo.

Mas não era bem assim. Pouco depois da veiculação do programa, Bia recebeu uma ligação em seu celular. Era a senadora Marina em pessoa. Queria dizer-lhe que fora vítima de uma armação:

— Bia, me botaram na frente daquele estande sem eu perceber. Estou chateada. Couro vegetal... Sei que são vocês que fizeram e fazem isso de verdade. Aquilo lá, para mim, é coisa de picareta. Estou te ligando porque queria que você ouvisse isso da minha boca.

Sem nenhum dos seus problemas objetivos resolvidos, Bia desligou o telefone tomada por uma profunda tranqüilidade. Deu-se conta de que, à parte as marcas, patentes e guerrilhas, o DNA do couro vegetal, e o que ele representava, era dela e de João. E isso não dava para apagar.

O encontro seguinte com a senadora Marina seria ao vivo, em Brasília, diante da imprensa nacional e estrangeira. O couro vegetal ganhara o Prêmio Chico Mendes de meio ambiente, na categoria negócios sustentáveis. Bia e João receberiam a condecoração das mãos de Mary Allegretti, a parceira histórica do líder assassinado. O DNA recebia uma chancela indelével.

Enquanto a empresa respirava por aparelhos, os troféus iam se avolumando. Prêmio Pobreza e Cidadania do Banco Mundial/Fundação Getúlio Vargas, Prêmio Brasil Faz Design em Milão, Prêmio Fiesp de Gestão de Design Ecológico, e vários outros. Um deles, de especial significado para João Augusto. Dez anos depois da sua atuação arrebatada para fazer acontecer a Rio-92, saía dos bastidores para a ribalta: na conferência Rio + 10, em Johannesburgo, o couro vegetal recebia da ONU o prêmio de Iniciativa Equatorial. Os pais do Treetap estavam padecendo no paraíso.

Festejados pelo mundo, João e Bia encerravam o ano de 2002 encurralados. A dívida com o BNDES chegava, após sete anos de juros, a 3,2 milhões de reais. Depois de assinada uma confissão em 1998, vencia a primeira parcela de 250 mil reais. Não pagaram.

■ ■ ■

Na sala de espera do BNDES, a dupla de ecoempresários tinha novos planos e novas esperanças. Em 2003 se iniciava a era Lula. Até então, todas as tentativas de renegociação com o banco — que aportara como parceiro, mas desistira de ser sócio após o fracasso com a Deja — tinham batido no muro. O argumento era estritamente técnico: o BNDES não se associaria a um empreendimento com aquele grau de risco. Com a vitória do PT nas eleições, o "S" da sigla, de Social, prometia mudar o tecnicismo das negociações.

Na ante-sala da diretoria de inclusão social do banco, João e Bia esperavam para apresentar uma proposta. Depois da consagração internacional que o couro vegetal alcançara, sabiam que não seriam tratados como uma empresinha problemática qualquer.

Mas, além de mudar o tom das conversas, tinham imaginado uma engenharia diferente para sua dívida. Com o conceito elevado que seu projeto alcançara, estavam dispostos a vender sua patente. Buscariam um investidor sólido, ou mesmo um governo, para arrematá-la — abatendo uma boa parte da dívida e buscando a redução do seu total.

Foram chamados a entrar, mas o diretor não estava na sala. Esperaram-no lá sozinhos por 45 minutos. Quando chegou, o dono da sala não se sentou. Era um homem socado, rotundo e de fala rápida. Desculpou-se pelo atraso, mas disse que continuava com pressa:

— Estou numa outra reunião, me desculpem, não vou poder ficar. Queria saber qual é o assunto, porque parece que vocês já conversaram com o pessoal da recuperação de crédito, e não sei mais o que pode ser feito nesse caso.

— Nós queremos apresentar uma proposta para o banco, que tem a ver com os resultados sociais da nossa empresa — iniciou Bia. Mas o diretor não queria iniciar, queria encerrar.

— Doutora, para nós aqui o que interessa é discutir como vamos receber esse dinheiro. Nosso papel é cobrar, entende? Isso aqui é um banco público.

— Bem, em primeiro lugar eu não sou doutora. O senhor pode me chamar de você, não tenho nem o segundo grau completo. E nós não viemos aqui pedir perdão de dívida nenhuma. Mas, se o banco não quer discutir uma forma de permitir o pagamento, a empresa vai à bancarrota e aí não se paga nada. Os avalistas somos nós mesmos, e não temos esse dinheiro.

— O que eu posso dizer para a senhora é que deixem aí o material que vocês trouxeram — concedeu o diretor, sempre de pé. — Ele será encaminhado ao setor correto. Agora isso é um assunto para a área jurídica do banco.

— Mas eu estou falando com a área de inclusão social do banco. E a minha empresa tem um legado de cidadania na Amazônia. É difícil acreditar que esse resultado não tenha relevância para um banco de desenvolvimento econômico e social.

— Minha senhora, a sua empresa tem uma dívida com o banco. Se vocês não pagaram essa dívida, vocês têm que entender que, para o banco, a sua empresa fracassou.

Assim como no episódio dos direitos de imagem dos índios na casa de Terri, Bia foi para casa ardendo em febre. Ficaria quatro dias sem conseguir sair da cama. Estava vencida. Continuava arrojada, mas definitivamente deixara de ser destemida. Aquela história crescera demais, e ela estava com medo, quase um medo de criança. Ligou então para quem poderia socorrê-la como tal:

— Pai, e se eu desistir de tudo?

Advogado, conselheiro e parceiro das horas mais encrencadas, Itamar foi conciso:

— Minha filha, você não tem essa opção.

■ ■ ■

Depois de receber no México o prêmio New Ventures, outorgado por uma comunidade empresarial para empreendimentos inovadores, Bia Saldanha fazia uma palestra em São Paulo, pouco depois da desventura no BNDES. Na platéia, representantes dos vinte maiores fundos de investimento brasileiros. Estava cansada de aparecer linda na vitrine e divertir os passantes, enquanto a loja lá dentro pegava fogo. Resolveu ser feia:

— Vocês, que são os donos do dinheiro, precisam saber: esse prêmio New Ventures, para mim, não significa nada. Não existe ambiente para um negócio como o meu. Os prazos do meu empreendimento não têm nada a ver com as suas expectativas de retorno, vocês estão jogando seu tempo fora. Estamos devendo ao banco e vamos ser executados a qualquer momento. Perdemos.

Entre desconcertados e admirados, os investidores a aplaudiram longamente. Tinham entendido a provocação.

E ela não ficou sem resposta. Quem se manifestou foi o empresário José Monforte, presidente do fundo de investimentos da Natura, a gigante dos cosméticos:

— Estamos todos aqui impressionados e tensos com a sua situação. Mas acho que tenho uma coisa importante a lhe dizer: não desista do seu negócio. Você ainda vai ganhar dinheiro com ele.

# Uma toalha jogada no ar

— A í ele me disse: "Minha senhora, para nós a sua empresa fracassou!"

Os aplausos que Beatriz Saldanha recebia agora eram mais ruidosos. Havia três mil pessoas na platéia da conferência do Instituto Ethos, reunindo a nata do empresariado nacional comprometido com a responsabilidade social. Bia era a primeira palestrante do megaevento. E entusiasmara a audiência ao fazer um histórico das ações da sua empresa e, em seguida, relatar como tinha sido tratada no BNDES.

Era junho de 2004, e a palestra anterior para os grandes fundos de investimento, a partir do prêmio New Ventures, tinha dado frutos. Ela fora procurada pelo próprio José Monforte, que lhe dissera para não desistir: o Janos, fundo que administrava a fortuna dos sócios da Natura, queria investir na Couro Vegetal da Amazônia. Contratara então um consultor para formatar o negócio, que já estava havia seis meses mergulhado na empresa de Bia e João.

Mas a dívida milionária com o BNDES permanecia como uma bomba-relógio. Poderia ser executada a qualquer momento. Avalistas na condição de pessoas físicas, João e Bia já não tinham patrimônio algum para fazer frente à medida. Estavam em maus lençóis.

Depois dos aplausos na conferência do Ethos, a empresária do couro vegetal deixou a mesa e, muito solicitada, foi ficando no evento. A palestra seguinte era do escritor Frei Betto, amigo de Lula, que fora nomeado assessor especial da Presidência da República. Bia se impressionou com o discurso dele sobre o novo empresário: era idêntico ao dela.

Vendo-o encerrar também muito aplaudido, e filmando a figura do amigo poderoso do presidente descendo do púlpito ali na frente dela, sentiu o calafrio da oportunidade: "Com um discurso desses e o poder que tem, ou esse cara me ajuda, ou é um cínico."

Levantou-se e decidiu abordá-lo. No tumulto das pessoas que o cercavam, identificou-se como a palestrante do painel inaugural. Ele não tinha visto. Portanto não sabia quem era ela. Mas sua assessora assistira, e sinalizou para ele. Bia tinha noção do quanto precisava ser clara e breve:

— Sou Bia Saldanha. Trabalho na Amazônia com 200 famílias de seringueiros. Produzimos o couro vegetal há 12 anos no Acre. Pegamos um empréstimo com o BNDES que não estamos conseguindo pagar, e a dívida está a ponto de ser executada. Preciso de ajuda para chegar ao professor Carlos Lessa [presidente do BNDES], e quero saber se o senhor pode me dar uma oportunidade de lhe explicar a questão. Aí o senhor vê se pode me ajudar.

Frei Betto foi elegante:

— Minha assessora vai te passar nossos contatos. Você me escreve quando puder ir ao meu gabinete em Brasília.

No dia 24 de junho, Bia chegou sozinha ao Palácio do Planalto. Foi conduzida à sala de espera do assessor direto do presidente com o coração saindo pela boca. Na meia hora em que esperou para ser atendida, folheou as publicações sobre a atuação da secretaria comandada por Frei Betto. Sentiu orgulho do governo popular, mais próximo das pessoas, e achou que tinha batido na porta certa. Era possível existir um governo acolhedor.

Foi chamada a entrar, sentou-se diante do amigo de Lula e começou a contar sua história. Frei Betto acompanhava atento, dirigindo a ela um olhar fraternal. Aquela recepção doce da autoridade a desmontou. Bia não conteve o choro. Tentou continuar falando, mas era impossível. Chorava de soluçar, com as lágrimas molhando até sua blusa.

Frei Betto ficou assistindo à cena placidamente, sem constrangimento. Depois foi pessoalmente buscar um copo d'água para a visitante. Na volta pousou suavemente a mão sobre o ombro dela, em sinal de carinho. O choro ficou mais intenso ainda. O anfitrião sentou-se e deu um sorriso sereno:

— Pode chorar à vontade.

Quando conseguiu se controlar, Bia procurou ser sóbria:

— Me desculpe, eu estou muito emocionada. O que eu quero é apresentar ao senhor esse plano que nós fizemos para o BNDES, e que eu gostaria de explicar ao professor Carlos Lessa...

Ele passou os olhos no material trazido por ela, mas não ficou fazendo perguntas:

— Fica tranqüila que eu vou marcar essa audiência para você.

No dia seguinte, Bia recebeu o telefonema da assessora de Frei Betto: a audiência com o presidente do BNDES estava marcada.

No dia 18 de agosto, às 10 horas da manhã, a dona do Treetap entrou na sala do economista Carlos Lessa, na presidência do banco que estava nos seus calcanhares. Ele foi efusivo:

— Acabo de falar ao telefone com a ministra Marina! Ela me recomendou muito o caso de vocês. Eu disse a ela que o que estiver ao meu alcance será feito. Nós somos adeptos do modelo de desenvolvimento sustentável para a Amazônia.

— Ótimo, professor. Então estamos falando a mesma língua — saudou Bia, que recebera a referência à senadora Marina Silva (nomeada por Lula ministra do Meio Ambiente) como um sinal de boas-vindas.

O plano foi exposto e bem recebido por Carlos Lessa:

— No que depender de mim, nós temos todo interesse em ajudar e renegociar.

— A nossa intenção é pagar o empréstimo — enfatizou a empresária.

— Então nisso estamos de pleno acordo. Vamos fazer o seguinte: vamos telefonar para a área que vai dar entrada nesses documentos e dar continuidade a isso com todo nosso interesse.

A área que ia dar entrada nos documentos era a de recuperação de crédito, onde Bia já estivera em outra ocasião. Agora ia ser diferente. Ela desceu da presidência diretamente para lá, onde seu plano de renegociação também já tinha chegado. Encontrou-se com os mesmos técnicos da outra vez. E eles lhe disseram exatamente o mesmo que já haviam dito:

— A única maneira de reabrir esse caso é a empresa pagar agora uma parte da dívida. Senão não podemos evitar que alguma coisa aconteça.

Bia não entendeu nada:

— Espera aí, houve uma determinação da presidência! Eu acabei de sair de uma reunião com o presidente, há uma decisão de avaliar essa proposta que está na sua mão!

Os técnicos apenas responderam que não tinham recebido nenhuma orientação para tratar daquele caso fora das regras habituais.

A empresária ligou para a chefe de gabinete de Carlos Lessa, procurando se controlar e dizendo que acabara de ouvir dos técnicos o mesmo texto de um ano antes. Queria saber o que estava se passando. A auxiliar do presidente lhe deu uma orientação:

— Então faça o seguinte: protocole a proposta de vocês aqui na presidência, que nós vamos dar um encaminhamento.

Bia cumpriu a orientação e escreveu uma carta a Frei Betto, pondo-o a par do que estava fazendo e agradecendo-lhe o apoio. Fez o mesmo com a ministra Marina. Poucos dias depois, uma reportagem no *Estado de S. Paulo* bastante crítica sobre ONGs na Amazônia citava o fato de Fábio Vaz, marido da ministra, ter sido conselheiro do Instituto Nawa. O jornal sugeria que poderia haver promiscuidade entre o projeto couro vegetal e o Ministério do Meio Ambiente, agora comandado por Marina.

João e Bia acharam a acusação inconsistente e não responderam. Em seguida, a empresária foi procurada por uma repórter de *O Globo*, que assistira à sua palestra no Instituto Ethos e queria contar a história do projeto. Bia deu sua entrevista mais longa até então, relatando sua via-crúcis e dizendo, nas entrelinhas, o que estava engasgado: achava que a operação de renegociação do BNDES era uma farsa.

No dia seguinte à publicação da matéria no *Globo*, 5 de outubro, Bia foi tirar seu extrato no Itaú Personalitté e seu saldo sumira. Ligou para o banco e a gerente esclareceu:

— Seu cheque especial foi cancelado. Você está sendo executada numa ação que só sei dizer que é da 3ª Vara Cível, no valor de 4,9 milhões de reais. Por conta disso o banco não pode renovar nada, você não pode fazer mais nada com o seu dinheiro aqui. Tem que zerar a conta, porque você não tem mais acesso a crédito.

Bia ligou imediatamente para a chefe de gabinete do presidente do BNDES, que pouco mais de um mês antes lhe dera sua palavra de que iam renegociar. Deveria haver algum erro, pois a dívida estava sendo executada. Não havia:

— São os trâmites legais do banco. Infelizmente, nós aqui na presidência não podemos fazer nada.

A indignação de Bia não durou muito. Logo deu lugar a uma mistura de tristeza com alívio. Seu doente terminal estava morto. Ela ia sofrer, mas não tinha mais que lutar por ele.

João Augusto Fortes também teve imediatamente todo seu crédito no sistema bancário suspenso. Sentiu a mesma mistura de tristeza e alívio. Ao longo do processo do couro vegetal, em que fora consumindo todo o seu patrimônio, percebera que, assim como a crise de identidade com o nome da João Fortes Engenharia, a fortuna da família tinha para ele um lado aprisionador. Agora não tinha mais nada. E sua primeira sensação foi de liberdade.

No início dos anos 70, quando se mandou para Londres, havia por lá um milionário sendo questionado por jogar sua fortuna em projetos sem retorno financeiro. John Lennon explicou-se: "Não posso ser quem eu sou e ter o dinheiro que eu tenho. Preciso distribuí-lo, ou perdê-lo. Distribuí-lo é uma boa forma de perdê-lo." O empresário brasileiro não queria perder, mas não temia perder. Via o dinheiro como uma ferramenta, que se ficar parada enferruja. Em sua rota de desapego, acabaria repetindo, em parte, o João inglês.

Bia telefonou para seu pai e para Marcelo, anunciando: *Game over*. Depois pegou o carro e foi para a sua sessão de análise. Quando se preparava para entrar, seu celular tocou:

— Olá, meu nome é Cristina, sou secretária do Dr. Paolo Dal Pino, presidente da Telecom Itália. A senhora pode dar uma palavra com ele?

Atendeu então um homem simpático, italiano falando português com pouco sotaque:

— Beatrice, não sei se minha secretária já me apresentou. Vivo no Brasil há pouco tempo, mas conheço seu produto. Minha mulher já comprou muitas bolsas suas na Hermès e no Jardim Botânico. Eu já era fã do seu projeto, mas vi no *Globo* que por trás dele tem uma mulher linda e uma história incrível. Vi que você está com problemas e acho que posso te ajudar. Você poderia me receber amanhã no seu escritório?

Ela agradeceu e concordou com a visita. No dia seguinte, da janela de seu escritório num pequeno prédio em São Cristóvão, Zona Norte do Rio, onde a Couro Vegetal da Amazônia estava sediada, Bia viu chegar uma Fiat preta blindada, com dois batedores de moto, e dela saltar um homem jovem, alto e muito elegante, que se dirigiu ao seu prédio.

Paolo Dal Pino chegou sorridente, e ao ver um quadro com a imagem de Gurumayi tirou imediatamente o telefone do bolso e ligou para sua mulher:

— Acabo de entrar no escritório de Beatrice, e adivinha quem eu vejo na parede? Gurumayi Chidvilasananda!

Bia ficou surpresa com aquela intimidade, e ficou sabendo que a mulher do big boss da Telecom Itália no Brasil era devota da sua guru. E ficou sabendo mais: Dal Pino queria ser seu sócio no couro vegetal.

— Que bom, mas temo que você tenha chegado um pouco tarde. Sinto te dizer que o BNDES acaba de executar a nossa dívida.

A expressão do executivo italiano não se alterou. Apenas alargou o sorriso e disse, bonachão:

— Beatrice, acho que você não está entendendo. Seus problemas acabaram. Nós vamos resolver tudo isso.

Zonza, sem saber mais nem o que sentir, Bia se mandou para o único lugar onde não se sentiria uma extraterrestre naquele momento: a casa da irmã Maria Dulce, sua vizinha na Maria Angélica, alguns metros rua acima.

Desabou no sofá da sala, e Dulce, a melhor leitora da sua alma, viu de cara que a coisa era séria. No seu estilo aconchegante-imperativo, deu a ordem:

— Desembucha!

Bia narrou passo a passo suas últimas 48 horas, com todos os detalhes da morte súbita de seu doente terminal e da sua ressurreição mais súbita ainda. Depois de tantos trancos, no momento em que finalmente jogara a toalha, ela fora apanhada no ar por um italiano surgido do nada.

Estava atordoada, e buscava a cumplicidade da irmã e de seu marido para tentar entender o que ia acontecer com ela. Maria Dulce estava petrificada. Foi Diego quem respondeu:

— O que vai acontecer eu não sei. Mas eu quero dirigir esse filme.

# Quem quer esse anel?

O seringueiro Paulo, um dos homens de Wilson na unidade de Boca do Acre, estava demorando a voltar da floresta. Seu filho de 15 anos, que entrara com ele pelas estradas de seringa, retornara havia horas. A noite caíra e todos estavam tensos no seringal.

Aquele tipo de tensão era constante na vida dentro da floresta. Por mais que seus habitantes conhecessem seus truques, os perigos quando se materializavam tinham certa tendência de ser fatais. Certa vez, no Gregório, mesma área onde o rio sumira com o irmão de Biraci, Bia sentira a apreensão paralisar a aldeia. Um Yawanawá tinha ido à caça e não voltara com o cair da noite. Enquanto os homens iniciavam uma busca nervosa pela mata, as mulheres rezavam pela volta do caçador.

Já tarde da noite, o índio finalmente reapareceu, exausto, carregando solitariamente uma enorme queixada, um porco selvagem, que certamente lhe dera muito trabalho para retirar da floresta. Tinha sido dia do caçador, como podia ter sido o da caça. Marcelo sabia o que podia ser isso.

Fazia certa vez uma travessia longa pelas matas do Juruá, sozinho e desarmado, quando numa curva do rio deparou com uma onça. Viu-a ainda de longe, mas ela estava exatamente no seu caminho. Esperou que ela fosse embora. Sem o menor sinal de que isso fosse ocorrer, teve que decidir entre interromper sua viagem e seguir em frente. Procurou o traçado mais distante possível dela e, deslocando-se suavemente para não atrair sua atenção e sua cobiça, foi adiante, rezando para a Rainha da Floresta. Ela o atendeu.

Naquele verão de 2006, o seringueiro Paulo não amanheceu em sua colocação. Wilson reuniu alguns homens e iniciou as buscas pelas estradas de seringa. Depois de algumas horas, encontrou a camisa de Paulo no chão, destroçada. Vários metros adiante estava o corpo do seringueiro do couro vegetal, devorado por dentro e semi-enterrado pela onça.

Naquele mesmo dia chegava à unidade de Boca do Acre a técnica de uma auditoria internacional. Ela estava avaliando o Treetap para sua certificação no Forest Stewardship Council, um respeitado selo de qualidade — processo que custaria cerca de 100 mil dólares (patrocinado pela Fundação Ford e pela WWF). A notícia do seringueiro morto pela onça era um ponto grave no item segurança do trabalho, anotou a técnica. Questionou Wilson sobre medidas sustentáveis para reduzir aquele risco. Ele foi científico na resposta:

— Olha, o jeito mais sustentável é distribuir espingarda pra todo mundo. Aí a chance da onça diminui.

Bia também estava, naquele momento, prestes a ser devorada. Não por uma onça, mas por outro bicho. Um bicho que a rondava desde o primeiro instante em que se metera com o couro vegetal. O Treetap às vezes lhe parecia o anel de Frodo, o personagem andarilho de Tolkien. Como na saga fantástica, surgia sempre alguém no caminho disposto a levar o anel mágico. A princípio junto com ela, mas eventualmente a deixando para trás.

A Deja Shoes achara que conquistaria o mundo rapidamente com sua bota *seringueiro*. Precisava essencialmente do mito de Chico Mendes e do seu canhão de marketing. Entre as duas pontas havia Bia e João, os intermediários — os carregadores do anel.

A Hermès, na negociação do contrato, também não entendia o porquê do apego de Bia à propriedade intelectual do anel.

O próprio BNDES, que agora cassava seus créditos financeiros, tomara a dupla como recheio para suas projeções estratosféricas.

E assim por diante, passando pelos idealistas, como Paulo Semless, ou pelos replicantes, como o Couro Ecológico e o Couro de Vegetais.

Quando a Hermès começou a se retirar do projeto, surgiu diante de Bia um italiano vibrante, que prometia espalhar produtos de couro vegetal pelas grandes capitais da moda. "Eu sou o Chico Mendes da Europa!", foi como se apresentou a ela Eduardo Villa Santa.

O forasteiro ouviu dela uma série de ponderações sobre o produto e o mercado, mas tinha urgência de sucesso. Montou um lançamento suntuoso em Milão, com uma festa irretocavelmente badalada. Não vendeu meia dúzia de bolsas. A empresária carioca foi ao lançamento, e ainda teve que ouvir do artesão de Villa Santa, um especialista graduado em couro, um diagnóstico pouco cerimonioso:

— Bia, preciso te dizer uma coisa: o Treetap é um produto de merda.

O tal bicho era assim: se aproximava, lambia, ameaçava devorar, cuspia e desaparecia. Várias vezes, nos momentos de sufoco, ela desejou que alguém levasse aquele anel embora. Mas ele não desgrudava do seu dedo.

A índole do bicho não era má. O problema era a cadeia alimentar. Como dissera o anarquista argelino Ali sobre as pretensões possessivas da Hermès, não era nada contra ela, eles só queriam engoli-la. Era da sua natureza. Paolo Dal Pino também não chegara premeditando engordar o bichinho indefeso e depois comê-lo. Mas a natureza voluntarista dos grandes empreendedores acabava sugerindo-lhes que aquele anel ficava melhor sem o dedo de Bia dentro.

O couro vegetal cumpriria mais uma vez sua montanha-russa com Dal Pino e seus sócios italianos. Amor à primeira vista, juras eternas, grana para a floresta, lindas bolsas, bom marketing, loja bonita — AmazonLife em Ipanema —, mau planejamento comercial, desencontros orçamentários, duelo com o látex, conflitos gerenciais, queda. Para o couro vegetal, com a exceção do furacão Hermès, o mercado continuava sendo mais complicado que as mulheres.

Dessa vez, Bia entregou o anel. Vendeu a AmazonLife para Dal Pino. Ou melhor, entregou a casca do anel. A semente do Treetap ficou com ela. O DNA.

A linha de montagem de índios e seringueiros que fizera história na Amazônia ocidental por quase 15 anos seria reduzida a um núcleo em Boca do Acre. A grandeza do empreendimento que erguera com João Augusto Fortes virava um patrimônio sutil, quase simbólico, como nos aplausos recebidos na London Fashion Week 2006 — que a destacava por sua "moda para um mundo melhor".

E haveria os momentos prosaicos, mais valiosos que todos os prêmios e estardalhaços internacionais. Numa passagem ordinária pelo aeroporto de Congonhas, em São Paulo, enxergou no saguão um jovem elegante com uma mochila Treetap bem marcada pelo tempo — o que, na sua visão, a fazia especialmente bonita. Detectou no ato o ano e a série dela. Era das primeiras com a fórmula do Dr. Outa. Resolveu abordar o dono dela:

— Essa mochila é de 1995, né?

— Poxa, como você sabe?

— Fui eu que fiz.

— O quê?! Que honra! Eu amo a minha mochila. Ela me acompanha na vida.

Um delicioso teste de DNA, instantâneo, que ela não trocaria por mil contratos fabulosos. Aquele anel ninguém podia levar.

Da multidão de gente que orbitara em torno de Bia e João na jornada do couro vegetal, restaram aqueles que nunca se aproximaram com jeito de "deixa que eu levo": Terri, Vera, Virgínia, Joaquim, Marina, entre outros aliados vitalícios. Marcelo Piedrafita, entre um vôo e outro pela floresta, seria convocado para o exaustivo trabalho de demarcação da área indígena Poyanawa. Dessa vez, Bia não poderia se ressentir com seu afastamento: segundo ele, era o destino cobrando o pagamento por aquele decisivo banho de igarapé que tomaram juntos lá.

Dali viera João Manuel, o "primo" acreano de Plácido de Castro, que cresceu sadio depois da chegada trovejante ao mundo.

Depois de cumprir sua pena de prisão rodando livremente a serviço do couro vegetal, Txai Macêdo chegou a virar uma espécie de gerente da empresa. Mas, para um poeta de relatórios sem pé nem cabeça, orçamento não era a matéria adequada. Voltou a alistar-se no projeto com sua verve e seu violão, sócio afetivo no DNA.

João Augusto Fortes se mudaria para uma casinha numa vila operária, no bairro carioca do Horto. Ele criara, entre vários outros projetos bem-sucedidos, a Rede Povos da Floresta. Era um programa de desenvolvimento humano e cultural que irradiava experiências bem-sucedidas dos Ashaninka, um dos povos indígenas com os quais passara a conviver. Bia não estava no programa.

Mas continuavam *"working together"* (não dava para contrariar a guru). E sabendo exatamente o que esperar um do outro. Num dos momentos de conflito na AmazonLife com os italianos, João encontrou no escritório em Ipanema uma das parceiras de Dal Pino sobressaltada. Bia fora barrada com seu carro na saída do estacionamento do prédio, no dia de seu aniversário, acusada de atrasar a mensalidade.

Fora um mal-entendido administrativo, mas o funcionário dizia que só a deixaria sair da garagem pagando a diária de 17 reais, que ela não tinha na carteira. Bia então saiu do seu carro, pegou as chaves de todos os outros, que estavam organizadas num quadro numerado, e jogou todas dentro da sua bolsa.

— Tá bom. Mas, enquanto eu não sair, ninguém mais sai.

A parceira de Dal Pino soubera da história, e disse a João que chegava a estar com medo de Bia. Buscando cumplicidade na crítica àquele comportamento extremo, perguntou-lhe se ele não achava estranha a atitude de sua sócia. João foi sincero:

— Não.

Fazendo um trocadilho com a personagem de novela Bia Falcão, a filha pequena de Wilson, Maria, passara a chamá-la de Bia Facão. O apelido faria sentido para muita gente, como o parceiro da Couro de Vegetais, Sérgio Alécio, que afundara sua candidatura ao financiamento do Funbio. Ao topar com ela na rua logo depois, ele veria o facão:

— Cuidado quando você falar de mim! Você não me conhece! — ameaçou a moça aos gritos, no centro de Rio Branco.

Às vezes, além dos feitiços, o outro lado tinha faca afiada também. Uma delas era a do presidente da Telecom Itália. Numa das várias trombadas com ele, defendendo seu espaço na AmazonLife, Bia teve que ouvir do italiano:

— Você está com problema de ego. Não aprendeu o que Gurumayi ensinou.

Guerra era guerra. Nos campos da paz, o pajé Ailton Krenak, mentor da conexão Rio—Amazônia, trocara o posto de guru pelo de amigo íntimo de Bia e João. Não deixara de ser o oráculo. No entanto, não mandaria mais Bia saltar do 20º andar — pelo simples fato de que ela já tinha saltado. E ainda se encontrava em pleno ar.

Não dava para ver como o salto ia terminar. Mas, depois de passar pelo delta bucólico e feioso de Boca do Acre e pela exuberância opressiva do Juruá, com escala em Nova York e Paris, ele chegava à região da tríplice fronteira com Peru e Bolívia.

Ali, no remoto município de Assis Brasil, no começo do rio que termina em Boca do Acre, ela intuía que tinha começado pelo fim — e era hora de chegar ao início. Numa modesta casinha de madeira com uma foto de Chico Mendes desbotada na parede, conhecera uma nova tecnologia de produção de borracha. Um pesquisador e parceiro de andanças na floresta, Floriano Pastore, lhe apresentara o processo promissor: permitia que o seringueiro fizesse manualmente o trabalho de uma usina.

A descoberta reacendia a chama na tríplice fronteira da desbravadora carioca, militante amazônica e empresária ambientalista. Já estava inclusive em contato com uma empresa francesa de calçados orgânicos. João Augusto precisava saber disso...

# Índice Onomástico

Este livro foi composto na tipologia Latim 725,
em corpo 10,5/15, e impresso em papel off-set
90g/m² no Sistema Cameron da Divisão Gráfica
da Distribuidora Record.